チラシデザイン

チラシ制作基本マニュアル

南雲治嘉 著

はじめに——あなたの中には

　もし、あなたが何の専門の知識もなく、一枚のチラシをデザインしようと思った時、自分にできるのかと不安になるかもしれない。しかし、基本的なプロセスを踏みさえすれば、十分効果のあるチラシを作ることができる。本書はそれを証明するものである。

　自分の中にある蓄積されたメモリを使ってオリジナリティのある作品だって作れる。あなたの中にはプロに匹敵するデータが既に組み込まれている。まず、そのことに気が付かなければ、一歩を踏み出すことはできない。

　あなたの背中を押してくれるのが、常用デザインである。これまでプロのスキルと思われていたことが、実は多くの人にとって可能なスキルであることが意外に多いのである。常用デザインはこれまでにないデザインの考え方を基本にしている。21世紀はまさに常用デザインの世紀である。

　激しい勢いで、生活や環境が変貌を遂げている。もちろん、ITと言われる情報技術の革新によるところが大きな原動力となっている。それを支えているのがデジタルの各種技術であることは言うまでもない。

　10数年前では考えられなかったものが、現在可能になっているものの具体例を上げるのは容易なことである。

　例えば、携帯電話。ポケベルから始まって、あっと言う間に若者の必要アイテムになってしまった。その後はビジネスマンや主婦にも浸透し、今や一般電話と同じくらい普及している。その携帯電話は単に携帯できる電話ということではなく、必要な情報を取り寄せられるインターネットの端末道具として活用されている。支払いや振り込みまでできるのだから、生活全体に影響を与えるのは当然なことである。

　新しい時代をリードするのは、常に先端を行く技術によって生まれた道具がもたらしてくれる。ITが与えている影響は、火の発見と同等の価値や力を持っている。IT革命と言われる理由である。

　その中で、見逃してはいけないあらゆるものの日用品化(コモディティ化)がある。それは、製品にとどまらず技術や考え方に至るまで、日用に向けて改革されてきた。かつてプロしか扱えなかった物が、誰にでも扱えるようになる。

　その中心的な役割を果たしているのが、コンピュータである。デザインが、ある程度のレベルのものなら子供でもできるようになったのは、言うまでもなくコンピュータの力である。グラフィックデザイン用の簡単なソフトが市販され、必要な素材はインターネットで入手できる。その気持ちさえあれば、ほぼどんなものでも印刷まで行うことができる。

　プロとアマチュアとの差は美的レベルの差だけになったとも言える。この美的レベルはもちろんデザインの基礎の問題である。その基礎を養うものがあれば、使用に耐える印刷物を制作することができるのである。

　プロとアマチュアがちょうどオーバーラップする部分がある。現在のデザインの仕事の中で、別にプロに依頼することもないものがかなりある。その中の一つがチラシデザインである。チラシの持つ力は、テレビのCMにも勝るとも劣らないものがある。しかし、プロからみれば、軽視する傾向にあるメディアであったことは否定できない。

　常用デザインはこれまでのプロとアマチュアの境界をなくし、より人々の生活に密着したデザインを築くためのものである。

　本書はチラシデザインに焦点を当て、その重要性とデザインの基礎を解説するのが目的で執筆した。その基礎はチラシデザインに留まらず、多くのメディアデザインにも共通していることである。本書でチラシデザインをマスターしつつ、あなたの中に隠されている美的なメモリを掘り起こしていただきたい。

本書ご利用にあたって

●チラシ作りのマニュアルとして
本書は今すぐチラシを作ろうとしている方のために、制作マニュアルになっている。チラシ作りに最低限必要な知識を収録した。広告戦略の立て方から、アイディアの出し方、印刷原稿の制作、最後にその配布までを解説した。豊富なチラシのサンプルを参考に、実際のチラシ作りができるようにした。チラシは世の中に山ほど出されているが、本書に掲げたチラシは、人の目を引き付けるものを持っている。だからこそ、ここに掲載した。いいところは学べばいい。それが、優れた戦略に結び付く。

●常用デザインの勉強のために
本書では、現実のデザインの作品がどのように効果を発揮するかを、解説しながら、デザインの基礎についてまとめた。これまでは、目的や実社会との関連が不明のまま、デザインの基礎が語られることが多かった。
デザインを通してチラシを学ぶのではなく、チラシを通してデザインを学ぶのである。チラシにはグラフィックデザインのすべての要素が備わっている。デザインをする時に、考えなければならない項目が全て揃っている。本書で現実のデザインワークを学んで欲しい。

●経営戦略に役立つデザイン
チラシがまず、重要なメディアであることを認識していただきたい。そのためのデータを必要な限り収録した。そして、チラシに対する偏見を取り去って欲しい。経営における戦略を考える際に、チラシをどのように組み込むか、それを片手間でやらないことだ。
チラシを効果的に使えば、必ず結果は上昇する。これまでに、チラシを利用して効果が出なかったとすれば、それは作り方が間違っていたからだ。顧客のことも考えず、店が勝手に作ったチラシを受け手は拒否することを、理解して欲しい。
本書は販売や経営のあり方を立案する時に役立つ内容にした。チラシをどう戦略に生かすか、これを機に見直していただければと思う。

■常用デザインを効率よく学ぶために

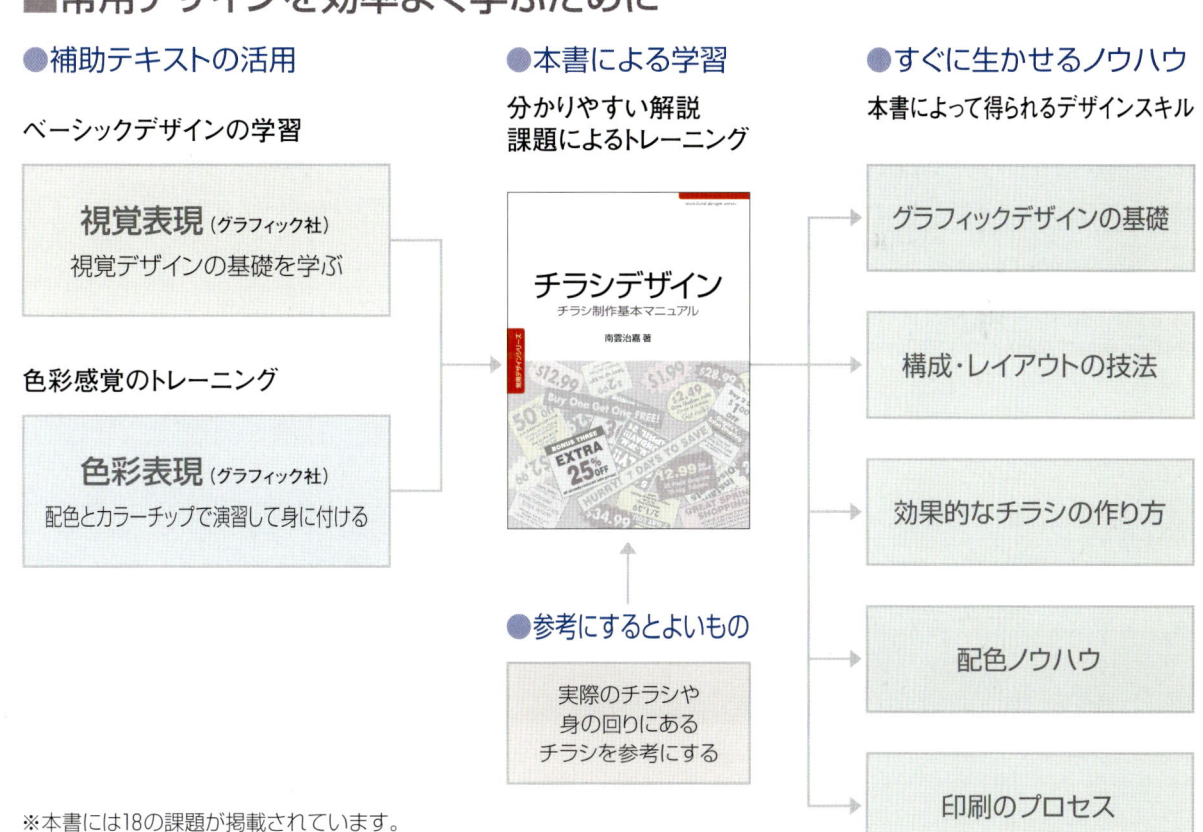

●補助テキストの活用
ベーシックデザインの学習

視覚表現(グラフィック社)
視覚デザインの基礎を学ぶ

色彩感覚のトレーニング

色彩表現(グラフィック社)
配色とカラーチップで演習して身に付ける

●本書による学習
分かりやすい解説
課題によるトレーニング

チラシデザイン
チラシ制作基本マニュアル
南雲治嘉 著

●参考にするとよいもの
実際のチラシや身の回りにあるチラシを参考にする

●すぐに生かせるノウハウ
本書によって得られるデザインスキル

- グラフィックデザインの基礎
- 構成・レイアウトの技法
- 効果的なチラシの作り方
- 配色ノウハウ
- 印刷のプロセス

※本書には18の課題が掲載されています。
　トレーニングによってデザイン能力が高まります。

■ 目次／CONTENTS ■

はじめに（あなたの中には） ………………………… 2
本書ご利用にあたって ………………………………… 3
目次 ……………………………………………………… 4
デザイントレーニングの仕方 ………………………… 6

1. 常用デザインにおけるチラシ …………………… 7
1）常用デザインとは ………………………………… 8
2）常用デザインの目的と役割 …………………… 10
3）チラシデザインの位置付け …………………… 12

2. チラシデザインの概説 ………………………… 13
1）チラシの役割と意義 …………………………… 14
2）チラシの種類 …………………………………… 16
3）チラシの歴史 …………………………………… 18
4）機能のメカニズム ……………………………… 22
5）目的とその効果 ………………………………… 24
6）マーケティングの活用 ………………………… 26
7）イベントとの相乗効果 ………………………… 28
8）チラシデザイン企画 …………………………… 30
①目的を明確にする ……………………………… 32
②テーマを決める ………………………………… 33
③ターゲットを決める …………………………… 34
④コンセプトを作る ……………………………… 35
⑤スケジュールを組む …………………………… 36
⑥予算を組む ……………………………………… 37
⑦効果の予測と測定 ……………………………… 38

3. チラシデザインの発想法 ……………………… 39
1）アイディアの源泉 ……………………………… 40
2）アイディアの出し方 …………………………… 41
①人の目を引くためには　・アイキャッチャー … 42
　　　　　　　　　　　　・キャッチコピー …… 43
②読ませるためには ……………………………… 44
③興味を持たせるためには ……………………… 46
④行動させるためには …………………………… 48
⑤喜ばせるためには ……………………………… 50

3）デザインエレメント …………………………… 52
①文字 ……………………………………………… 53
　・ヘッドコピーとボディコピー ……………… 54
　・キャッチコピーを作るための語句一覧 …… 55
　・コピーの作り方 ……………………………… 56
②イラストレーション …………………………… 57
　・イラストレーションの描き方 ……………… 58
③写真　・写真にする理由 ……………………… 60
　・写真の撮り方 ………………………………… 61
　・角版と切り抜き ……………………………… 62
④紙　・サイズ …………………………………… 63
　・紙の種類 ……………………………………… 64

4）チラシレイアウト技法 ………………………… 65
①構成の基礎 ……………………………………… 66
②4つの基本フォーマット ……………………… 68
③広がりと集中 …………………………………… 70
④アイキャッチ …………………………………… 72
⑤視覚誘導 ………………………………………… 74
⑥バランスとインパクト ………………………… 76
⑦文字の配置と読みやすさ ……………………… 78
⑧空間のとり方と罫線 …………………………… 80

5）配色技法 ･･･････････････････ 82
　・イメージチャート ･･････････････ 83
①色の視認性 ････････････････････ 84
②色の誘引性 ････････････････････ 85
③色の固有イメージ ････････････････ 86
④ポイントカラー ･･････････････････ 87
⑤アクセントカラー ････････････････ 88
⑥統一感とイメージ ････････････････ 89
⑦色による差別化 ･･････････････････ 90

4.印刷と配布 ･････････ 91

1）ラフスケッチの制作 ･･･････････ 92
2）デザイン指定と印刷 ･･･････････ 94
3）印刷原稿･データの入稿 ････････ 96
　・版下の形状 ･････････････････ 97
4）校正 ･･････････････････････ 98
5）配布　①折り込み ･･････････････ 99
　②委託／店頭 ････････････････ 100
　③手渡し／街頭 ･･･････････････ 101
　④送付／戸別配布 ･････････････ 102

5.デザインサンプル ･･･ 103

1）特別セール ･･････････････････ 104
2）記念セール ･･････････････････ 108
3）定期告知 ････････････････････ 110
4）新発売 ･････････････････････ 114
5）情報 ･･････････････････････ 116
6）イベント ･････････････････････ 118
7）特殊チラシ ･･････････････････ 120

6.印刷配色サンプル（巻末付録）･･ 121

1）1色刷り ････････････････････ 122
2）2色刷り ････････････････････ 123
3）3色配色 ････････････････････ 124
4）4色配色 ････････････････････ 125

あとがき ･･････････････････････ 127
著者略歴／奥付 ･････････････････ 128

●トレーニングページ

1.人目を引くパターンを作る ･････････････ 43
2.自分のためのキャッチコピーを作る ･･････ 55
3.四季を表すアイキャッチ用イラストを描く ･･ 59
4.コラージュによる制作 ･･････････････････ 61
5.拡大を利用した構成を行う ･･･････････････ 67
6.センター揃えのレイアウト ･･･････････････ 69
7.広がりをメインにしたレイアウトを行う ･････ 71
8.アイキャッチをメインにする ･･････････････ 73
9.視覚誘導を考えたチラシ ･････････････････ 75
10.インパクトのあるチラシ ････････････････ 77
11.文字だけのチラシ ･････････････････････ 79
12.面分割を使ったチラシ ･････････････････ 81
13.子ども向けチラシ ･････････････････････ 83
14.誘引色を使ったチラシ ･････････････････ 85
15.ポイントカラーを使う ･････････････････ 87
16.同系色だけを使う ･････････････････････ 89
17.クリスマスセールのチラシ ･･････････････ 95
18.企画書の制作 ････････････････････････ 97

デザイントレーニングの仕方

これからデザイナーとして旅立とうとしている方にとっては、トレーニングテキストとして使えるよう構成してある。トレーニングは、間を空けず、毎日するといい。そして、とにかく数をこなすことだ。数をこなせば間違いなく上達する。

本書で、トレーニングする場合には、次のことに心がけて欲しい。

まず、チラシを通して常用デザインの基礎をしっかり読み取って欲しい。随所に掲載されているチラシを参考にしながら、デザインの方法について学ぶことができると思う。

これはプロになるための条件でもあるが、自分が作る作品を否定しないで欲しい。自己否定からは何も生まれない。あなたは、あなたのままでいい。それよりもまず、先に進むことだ。

本書は中盤以降に課題が設けられている。その課題はテーマ(目的)が明示されている。そのテーマに沿って、制作を行って欲しい。各課題に付いている条件は、実際の仕事に合わせた形を考慮して、デザイナーとして注意しなければならないチェックポイントという意味で付けた。

課題は3段階で制作して欲しい。第1段階はテーマの確認と、現実のチラシの観察である。そこでテーマに対するイメージを固める。第2段階は発想の作業を行うが、できるだけ鉛筆を動かしながらアイディアを練って欲しい。アイディアは自分の記憶とのキャッチボールから生まれてくる。

第3段階は表現制作。見る人のことを意識して、ていねいに制作して欲しい。

仕上げた作品は、家族、友人にも見せて感想を聞くといい。あなたが、デザインでメッセージを送る相手は、そうした周囲にいる人達なのだ。もし、先生がいるのなら、批評をもらおう。その批評は素直に心に入れて欲しい。乾いたスポンジのように、その批評を吸収するはずだ。成長はその結果なのである。

●トレーニングの方法

必要に応じてトレーニング課題が用意されています。

1 テーマの確認
- 課題にはテーマがあり、何のトレーニングであるかが分かります。
- トレーニングを進める時は条件を必ず確認してください。
- 制作する時は、本書にあるサンプルを参考にすると的確な課題が作れます。

サンプルの確認

本書のサンプルページ

2 アイディアの出し方
- アイディアを出す時にまずしなければならないのは、
  a.目的から考えてみる。
  b.ターゲットから考えてみる。
  c.サンプルを参考にしてみる。
- サムネールを作る。
  アイディアは必ず小さなスケッチ(サムネール)にまとめましょう。

サムネール

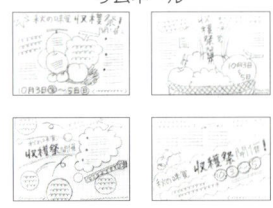

サムネールからラフスケッチ

原寸で鉛筆や色鉛筆で描きます

3 仕上げ
① 用紙はケントを使用します。
A4サイズ

② ← フォーマット枠線
← 紙の大きさ

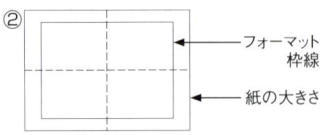

枠線は0.1mmの製図ペンで定規を使って引いて下さい。フォーマットは中央にくるように引きます。

③ 下描き

← 鉛筆による下描き

ラフスケッチを元に薄く下描きをします。

④ スミ入れ仕上げ

← ペンによるスミ入れ

ペンや色鉛筆、マーカーでていねいに仕上げます。

1／常用デザインにおけるチラシ

21世紀は常用デザインの時代である。
身近だったはずのデザインが、
少し生活から遠のいた20世紀だった。
それをもう一度、生活中心のものにしなければならない。
プロとアマの境界がない常用デザインこそ、
これからの時代をクリエイティブなものに変えていく。
才能がない人はいない。そのことに気が付くべきだった。
誰にでもデザインの基盤が用意されているのだから。
デザインの視点を、顧客からのものに切り換える。
明日という日を新鮮なものにするために。

（1）常用デザインとは
（2）常用デザインの目的と役割
（3）チラシデザインの位置付け

1／常用デザインにおけるチラシ

1 常用デザインとは

●クリスマス会のお知らせ
このチラシはプロではない人がパソコンで制作した。クリスマス会の楽しさを伝えるために、それにふさわしいカットと色使いでまとめている。見る人に参加を促すメッセージとしては十分な配慮がされている。今や誰でもあるレベルのものなら制作してしまう時代になった。
提供＝うめぐみ クリスマス係

■プロとアマの壁の崩壊

　20世紀に成立したデザインは、デザイン業界というジャンルを築き上げ、素晴らしい発展を見せた。ものには機能とは別に美的な価値があることを見いだしたのは、デザインが成し得た成果であった。

　19世紀末より始まった芸術運動に端を発し、1910年代に体系化されたデザインは、その後目覚ましい発展を見せ、単に機能だけではなく、そこに美的なものを付加するという新たな価値の創造を、仕事にすることが定着した。

　これにより、工業製品や広告は生活に美的な影響をもたらし、潤いのある生活スタイルを提供することができた。デザインを勉強するにはデザインを構成する要素である、平面、立体、空間、色彩という細分化されたものを合理的に学ぶことが考えられ、カリキュラムが作られ、高度な専門教育が実現した。

　これによって、デザインの専門家としての地位が確立した。最初のうちは、デザイナーは全てのテクニックを修得しており、一つの仕事を一人のデザイナーが担当していた。企画を立て、ラフスケッチを行い、OKが出れば筆と絵具で作品を完成させ、印刷に回していた。

　専門分野はやがてさらに細分化され、それぞれが全体の中の一部分を担当するようになった。ますます専門化したのである。

　それがプロとしての仕事であったが、コンピュータの出現により、専門的な技術がなくても、それなりのものができるようになった。それまでの専門技術が、当たり前のものになり20世紀末には、プロとアマの境界が一気に崩れてしまったのである。

■デザインの業界の変貌

　グラフィックデザインの世界では、アートディレクターという、全体の美的なものをまとめていく職種が出現した。ディレクターの指揮により、ラフを描くイラストレーター、実際のイラストを描くイラストレーター、文章を作るコピーライター、カメラマン、デザインやレイアウトを行うデザイナー、印刷原稿を作るデザイナーなどそれぞれの作業を担当する専門家が連携して制作した。

　アートディレクターとか有名デザイナーによる仕事が注目を集め、デザインのレベルアップに貢献した。一般の人もこうしたデザインを注目し、また売り上げにも大きな影響を与えていた。その特徴は、イメージを中心にしたデザインで、本質的なメッセージを持たない。いわば幻覚に近いデザインであり、まさに麻薬的な特徴を持っていた。

　90年代のバブルの崩壊以後、広告しても売れない時代になり、これまでの広告が見直されるようになった。そのあおりを受けてアートディレクターや有名デザイナーの影響力が低下した。この問題は、デザイン界でリーダーシップをとってきた、そうしたデザイナーが作るデザインに効果が期待できず、デザインの需要が大幅に減少した。その結果、広告経費の節減につながった。

　広告作品のコンクールなどで授賞する作品が、一般の人の目に触れる機会はほとんどないものばかりで、広告効果の裏付けもなく不信感を高めた。こうしたコンクールのための作品はデザイン離れを生み出す原因となった。また、デザインは売り上げに貢献するという原則を持たない作品のコンクールは、身内のサロン的な雰囲気になってしまった。

　プロが一般から遊離していく中で、実質的なデザインがコンピュータによって制作可能になると、一般の人はプロに依頼することをせず自分で制作するようになった。

　グラフィックソフトの開発が進み、同時にCD-ROMやインターネットによるライセンスフリーのデザイン素材が市販されるようになった。大型のキャンペーンでこそプロの力が必要だが、世の中にあるデザインの3分の1はプロがしなくてもできてしまうと言われるまでになった。ということは、デザインの専門知識がなくても、コンピュータが扱えれば、制作ができるということを示している。

　小さいものなら、自分でデザインしようと

□バウハウス□
Bauhaus

ドイツ・ワイマール共和国時代に始まったバウハウス運動（1919〜33年）は、ワルター・グロピウスやミースファン・デル・ローエら建築家によって推進された。近代建築の国際的なスタイルを作るという偉大な業績を残した。工業デザインでは、ブロイヤーらが活躍、またクレーやカンディンスキーらがモダンデザインに大きな土台を築いた。色彩ではヨハネス・イッテン、造形ではモホリ・ナギ、アルベルスらが活躍し、バイヤーらがタイポグラフィーの世界の扉を開けた。バウハウスは24年の活動の後、台頭したナチスの弾圧により、シカゴやモスクワに逃れた。

バウハウスの功績はデザインという概念を作り上げたことである。その概念が今日のデザイン界やデザイン教育を支えている。全ては建築に統合される、という精神はある意味で今日でも正しい。細分化されたデザインを貫く新しいデザインの概念が必要な世紀を迎えている。

バウハウスで行われた実験、提案、表現はこれからも、デザインの底流として存在していくだろう。バウハウスは種々の意味でデザインの原点ということができる。

1／常用デザインにおけるチラシ

1.常用デザインとは

●詰め込みすぎると
多くのメッセージを詰め込みたい。これはチラシを作る人に共通して見られる傾向である。確かにメッセージを大量に入れ込めば、迫力が出てくる。しかし、読む人にとっては敬遠したくなる。読んでもらうには、レイアウト技法が必要だ。それを使えば誰でも効果的なチラシはできる。
＊参考資料として制作

いう時代に突入したのである。デザインの環境が変わったことに気付かないディレクターやデザイナーの数は多い。旧態依然としてデザインの古い方法を固持しているデザイン会社や広告代理店は倒産、もしくは縮小を余儀なくされている。

今や、かつての20世紀型幻覚的デザインでは通用しなくなった。デザインの実質的な能力が問われるようになり、新たなデザイナーの必要が望まれている。

■常用デザインの芽生え
経済の枠組みの変化に伴い、イメージだけのハッタリデザイン（幻覚広告）は効果を出せなくなった。安価で品質の良いものが簡単に買えるようになると、見かけのかっこ良さだけでデザインすることができなくなった。

こうした状況からデザインは「メッセージである」という認識が深まり、どのようにしたらより正確なメッセージが伝えられるか、ということが重要になった。その結果、ターゲットである消費者に「分かりやすく」「読みやすい」デザインが追求されることになった。この2つのキーワードは、デザインの本質を突くものでもある。

デジタルの普及はそれを加速させ、誰もが提供されるフォーマットにはめ込むだけで、機能を果たすメディアを制作することができるようになったのである。

それが「常用デザイン」である。常用デザインはより消費者感覚に近い所に位置するもので、生活に密着したデザインである。グラフィックデザインの多くがアート化し、消費者から離れていく中で、常用デザインは生活を活性化させ、景気に活力をもたらすものである。

常用デザインの概念が姿を現すと同時に、そのためのベーシックを早急に整備する必要が出てきている。21世紀をリードするのは常用デザインであり、本質的なデザインの時代が到来したと言えるのである。

◆デザインスキル成熟度の変化

1920〜1980年

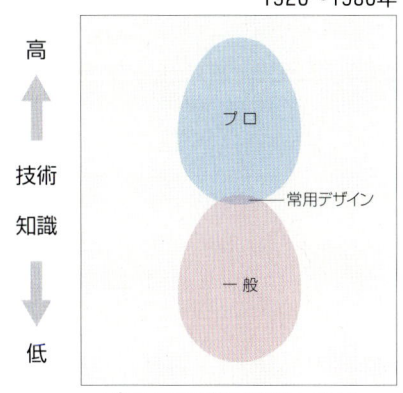

高 ↑ 技術 知識 ↓ 低

プロ
常用デザイン
一般

プロとアマの差は歴然としていた。

1980〜2000年

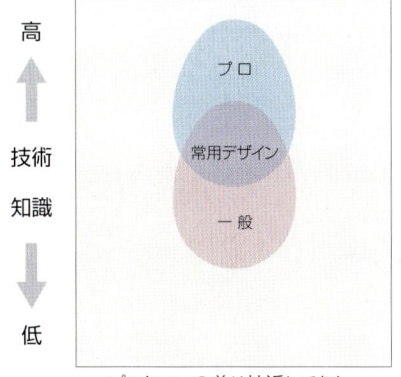

高 ↑ 技術 知識 ↓ 低

プロ
常用デザイン
一般

プロとアマの差は接近してきた。

2000年〜

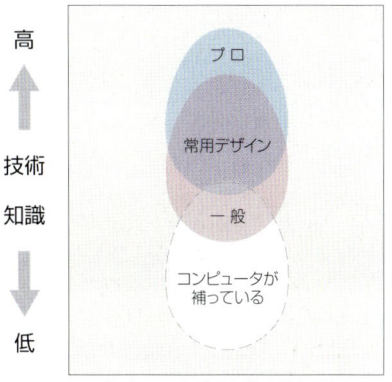

高 ↑ 技術 知識 ↓ 低

プロ
常用デザイン
一般
コンピュータが補っている

プロとアマの差はほとんどなくなる。
重なりあった部分が常用デザインである。

□メディア□
media

メディアとは送り手と受け手の間にあってコミュニケーションの媒体となるものである。不特定多数の人に対してのものをマスメディア、個人的なものをパーソナルメディアと呼んでいる。マスメディアには、テレビ、ラジオ、雑誌、新聞などがある。パーソナルメディアには、手紙、電話などがある。しかし、インターネットのような、映像、音楽、文字などを、双方向で送れるマルチメディアの出現と、携帯電話にインターネットの端末としての機能が付加されたことによって、既成メディアはそのあり方を変えようとしている。
インターネットはマスメディアとパーソナルメディアの境界をなくすものとして考えられる。マスメディアとして機能してきたものが、今後大きく変革を求められていくのは言うまでもない。
チラシもまた、メディアであるが、対個人への直接的な効果があるとして見直されている。インターネットが、生活の中心になり、ショッピングや会話が自由にできるようになったとしても、直接ショッピングする欲求は失われることはないからだ。
CDやMD、DVDを音楽や映像のメディアと呼ぶこともある。

1／常用デザインにおけるチラシ

2 常用デザインの目的と役割

●箸のすごさ
箸は食事には欠かせない道具。たった2本の棒であるが、食事を楽しむには十分なデザインである。箸にはプロ用とかアマ用などという区別はない。食事という誰でも行う行為を支えている。常用デザインはこの箸の機能に似ている。不可欠でありながらプロとアマの境界がない。

◆常用デザインの目的

送り手
  メーカー／ショップ
  商品メッセージ
  イベントメッセージ

メディア
  デザイナー
  イメージの制作
  各種メディアの制作
  → 商品／サービス

受け手
  ユーザー
  購入するための手続き
  使用する

  → 幸せ 満足と充実

□ユーザビリティ□
usability

使いやすさを意味する言葉。主にユーザーが使う製品に対して求められているもので、ユーザーの立場に立った製品作りを目指すようにしなければならないという時に使われてきた。
最近では、Webでも言われるようになり、サイトの見やすさ、使いやすさ、エラーの発生率の低下、ユーザーの満足度のアップ、記憶のしやすさなどが求められるようになった。
同様にデザイン全般にわたってデザイナーの自己満足だけのものを退け、見る人の立場に立ったデザインのあり方を推奨する精神を言うようになった。
もともと、デザインはユーザーへの配慮が求められるものであったが、特にグラフィックデザインにおいて、デザイナーのアート化によってユーザーからの遊離が目立ち、リーダー的役割が疑問視されるようになっていた。
今後、ユーザビリティは、デザインの最も重要な精神としてデザイナーに求められていくものであると考えてよい。

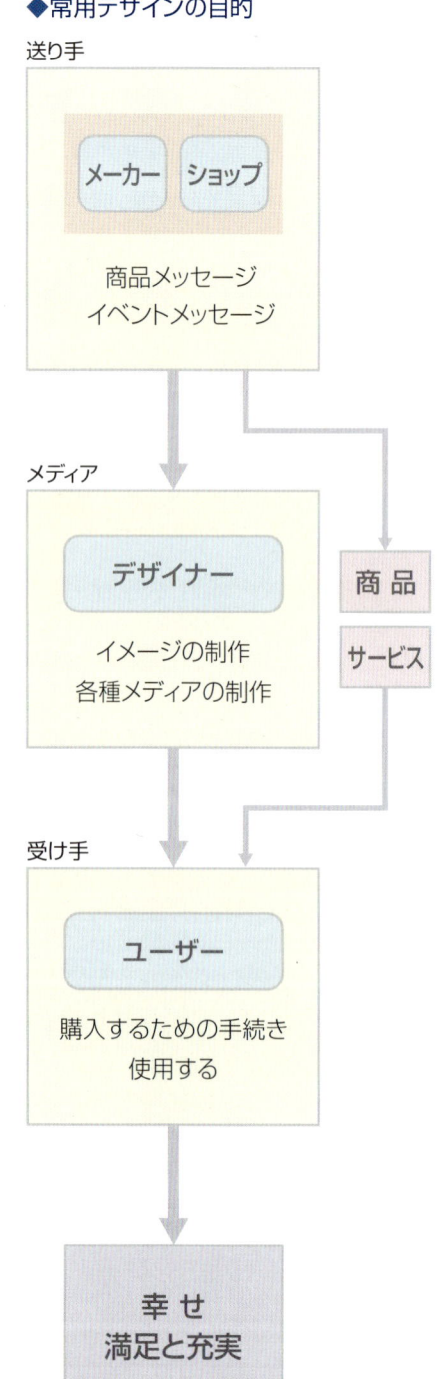

　常用デザインは、かつてデザインが目指した、生活に密着したものを再び取り戻そうというものである。いわばこれはデザインにおけるルネサンスであり、日常生活者の復権なのである。一般生活者が理解できないようなデザインは、もはやデザインと呼ぶことはできない。
　デザインの使命は、生活の円滑化を図り、潤いをもたらし、美的なものにすることである。この使命はそのままデザインの目的ともなっており、これこそが常用デザインの目的でもある。そしてこの「円滑、潤い、美的」は「幸せ」というもっとも身近な言葉に置き換えられる。
　基本的には、デザイナーは「幸せ」を届けるメッセンジャーの役割をになっている。この基本を忘れては、生活に役立つデザインを作ることはできない。もちろん、デザインもまたビジネスであるから、デザイナーは「幸せ」をメッセージすることで収入を得ている。
　常用デザインは、生活の中で機能するあらゆるものをデザインし、生活の質的向上や充実度のアップを目指す。簡単に言えば、高級品をも日用品にするような行為である。質的に粗悪なものを高級品に見せることではなく、それまで高級品として見られていたものを身近なものにしていくことである。
　これは、一般の人が手を出せないような高級品が、年月を経るうちに誰でも手にすることができるようになる。これは、工業製品が顕著で、例えば、かつてコンピュータは高価なものだったが、今ではほとんどの家庭に普及していることでも分かる。技術の発達は、限られた人だけの製品や情報を、より多くの人に届けることを可能にしたのである。
　技術が高度に発達し、大量生産が可能になり、コストダウンが実現した。しかし、その高度な技術も、コンピュータの出現によって誰でも使える技術になっていく。常用デザインは、ある意味ではかなり高度な技術であったとも言える。ところが現代では、基本的な知識さえあれば、オリジナリティは別にして必要なものはデザインすることができる。
　ということは、常用デザインは、誰でもデ

1／常用デザインにおけるチラシ

2.常用デザインの目的と役割

●誰でも、いつでも
街角にある掲示板は、その地域で生活する人へのコミュニケーションツールである。各種の読むためのチラシが貼られている。その役割は、円滑な生活、幸せな生活を維持するための日用品的なものである。伝えられる内容が重要なら、手書きのものでも人は読む。

ザインすることを可能にするデザインであり、コンピュータが発達した今日であるからこそ実現した。したがって、常用デザインの役割は「これまで高度でありプロの技術と言われたものを、一般の人が使うことができ、生活やビジネスに役立てる」ということである。

それは結局、「幸せ」をより多くの人に届けるということにつながるのである。

元々、デザインの役割は、送り手（メーカーやショップなど）と受け手（消費者やユーザーなど）の間で、種々のメディアを制作することである。常用デザインは、それをいっそう日常的に行えるようにするもの。その根底にはデザインの基礎が流れている。基礎なくしては常用デザインは成立しないのである。

コギー たまプラーザ店 リニューアルオープン
RENEWAL OPEN　COGGEY Tama Plaza Shop

リニューアルオープンを知らせるこのチラシは、きわめてシンプルにデザインされている。クォリティーの高い自転車をそのままモチーフにして、人の目を引き付ける。ほとんどモノトーンであるのに、形態の持つインパクトの強さが味となって迫ってくる。こんな自転車に乗れたらきっといつもの風景も違って見えるのでは、という夢が伝わってくるのである。右下の薄い影の部分にさりげなくロゴマークを入れ、画面にメリハリを与えている。
提供＝ダイヤ通商

□誇大広告□
exaggerated advertisement

広告において真実をより誇張して表現すること。誇張広告をすることによって実態とは異なる製品、サービスを売りつけ、利益を上げようとするものである。こうしたことは、広告倫理からして許されることではなく、最近では法的にも規制されている。薬やタバコなどは人体に与える影響が大きいとして、より厳しい規制を設けている。

本来、規制があるなしに関わらず、広告は真実に基づいて制作すべきものであり、虚偽のあるいは紛らわしい表現を用いて、集客もしくは売買してはならない。

デザイナーはそうした倫理観を持つことを誇りとする仕事である。

1／常用デザインにおけるチラシ

3 チラシデザインの位置付け

●見る人を動かすには
歯を磨くキャットフードのこのチラシは、キャッチコピーとイラスト、そして商品だけである。手描きのイラストの持つインパクトが人の目を捉える。元気そうな猫が笑顔で歯を見せている。アメリカの折り込みチラシにはほとんどクーポン券が付いている。人を動かす仕掛けが光る。
提供＝Mars, Inc.

◆各種メディアと人との関係

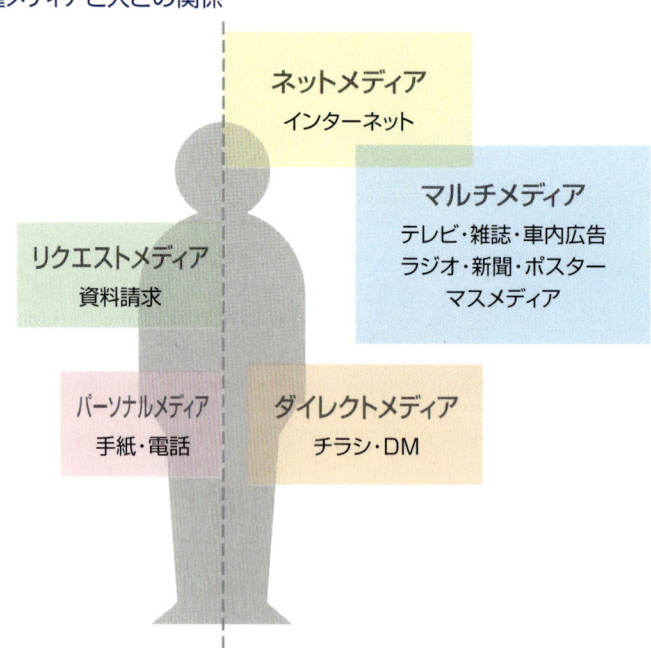

- ネットメディア　インターネット
- マルチメディア　テレビ・雑誌・車内広告　ラジオ・新聞・ポスター　マスメディア
- リクエストメディア　資料請求
- パーソナルメディア　手紙・電話
- ダイレクトメディア　チラシ・DM

センターラインに近いほど直接的なコミュニケーションが成立する。

□チラシ□
leaflet

「散らし」から生まれた言葉。情報を散らすといった意味。この言葉からも分かるように、あるメッセージを四方に散らすということが、チラシの役割そのものだった。古代日本では紙が貴重品であったため、木の札が紙代わりに使われていた。帳簿や記録に頻繁に使われたが、人への伝達にも使われた。元は「文板（ふみいた）」が訛ってふだと呼ぶようになった。そのため、紙でできているものでも、札と呼ばれるようになり、江戸時代の引き札はその一例である。この引き札（報状とも言われる）がチラシの原形である。面白いのは、引くは福（客）を「引く」ことであり、後世になって「散らす」と逆転することだ。
ヨーロッパでは、その形状からリーフレット（一枚の葉）と言う。チラシの方が内容をよく表している。最近ではフライヤー（flier）とも言われている。またビラはbillから来ている。

グラフィックデザインには大きく分類して広告に関係するものとそうでないものがある。後者を特にグラフィックデザインと呼ぶことが多い。営業目的の場合は広告、情報伝達だけならグラフィックデザインという区分がされている。グラフィックデザインには、雑誌のデザイン、絵本、カード、各種ジャケット、パッケージデザインなどがあり、一種のマスメディアである。チラシデザインはその両方に属している。

テレビのCMや雑誌広告、ポスターなどは誰でも見ることができるし、広域にわたってメッセージが送れる。そのため見る機会は多くなり、CMの効果は絶大なものになっている。しかし、効果が高い分、莫大な費用がかかり、誰でも簡単に利用することはできない。

また、CMは不特定多数の人にメッセージを送ることができても、一方的なものになるという特徴がある。ターゲットのエリアが広過ぎるので、ターゲットを特定するのが難しい。

その意味で、人に密着したメディアということではない。

雑誌の場合は、購入する人が限られるのでCMよりは効果が弱くなる。しかし、じっくり読ませたり、問い合わせ先などがいつでも確認できたり、広告の効率は高くなる。雑誌は購読されなければ、広告メッセージは届かない。したがって、その雑誌を購読している人が、どんな傾向を持っているかなどを事前に知っておかなければならない。

インターネットは、問い合わせや注文などがすぐに行える点でかなり有力なメディアである。ただ、アクセスしなければ、メッセージを送ることはできない。人との距離がかなり短いメディアであることは間違いない。

チラシは、地域を限定することができ、ほぼその地域に対して漏れなくメッセージを流すことが可能である。人と接触するチャンスは多く、人との距離は短い。そのため日常的に活用される常用デザインの典型である。

2／チラシデザインの概説

チラシはあまりにも過少評価されてきた。
チラシの力でどれだけ多くの消費者が
行動を起こしているだろう?
そんなメディアが他にあるだろうか?
チラシの歴史はそのまま経済の歴史を物語っている。
それも、生活者に密接に結び付いた経済である。
チラシに必要なのは販売戦略である。
その根底に流れる精神は、「幸せ」の創造。
チラシを見る時に、感じているもの、
それは誠意だ。デザインの中身は誠意だ。

(1) チラシの役割と意義

(2) チラシの種類

(3) チラシの歴史

(4) 機能のメカニズム

(5) 目的とその効果

(6) マーケティングの活用

(7) イベントとの相乗効果

(8) チラシデザイン企画

2／チラシデザインの概説

1 チラシの役割と意義

●何を知らせるか
チラシはメッセージのためのツールである。このセールを知らせるチラシは、セールを明快に知らせている。明るい色使いとしゃぼん玉が浮いていくような軽やかなイメージが、見る人をうきうきさせる。Saleの文字は小さくても、そこだけが目立つようにデザインされている。
提供＝㈱東急エージェンシー

　チラシは人の身近な生活に密着したメディアであり、地域を限定して配布されるため、特にその地域の人にメッセージを送るには最適なメディアと言える。
　たとえば、店にとって、地元の住民に対してセールを知らせるには、チラシがもっとも効果を上げる。遠方よりわざわざ買いに来ることはまずあり得ないので、ターゲットは店の周囲に限定される。
　インターネットの普及によりネットショッピングが盛んになっても、今日食べるものはやはり近くの店で求める。あるいは家電製品にしても、各メーカーのものを直接比較しながら選ぶことができる近くの店に行く。
　チラシのニーズがいまだに高いのは、そうした日常生活に浸透したメディアだからである。また、チラシの種類の中でもっとも多いのは折り込みチラシであるが、それはその地域のほぼ全住民に配布することができるからだ。また、別のチラシにしてもそれぞれが高い率で効果を得ている。
　これまで、チラシはデザインの仕事としては決して高い位置を占めていたわけではない。ポスターなどからすれば、かなり低く見られてきた。広告関係の雑誌にチラシが取り上げられることがほとんどないことを見ても、いかにチラシが軽視された媒体かが分かる。
　しかし、そうした媒体のランク付けが、無意味だったことはこれまでの歴史が証明している。CMや新聞広告が経済に大きな活力を与えている、という幻想は無残にも崩れてしまった。不景気の原因の一端はマスコミにもマスメディアにもある。バブルは砂上の楼閣であり、バブルが崩壊すれば、共に力を失っていったのである。
　チラシの広告効果は、メディアの中でもかなり高い。消費者は１円でも安いところを探しており、チラシを見て、行動を起こすのにそれほど多くの決意を必要としない。このようにチラシは、人を動かすのである。これほど、人を効率よく動かせるメディアは他にはない。

□広告の割合□
rate of the advertisement

2002年の日本における総広告費は5兆7千億円である。主な順位は次の通り。
第1位　テレビCM　1兆9千億円
第2位　新聞広告　1兆7百億円
第3位　折り込み　4千5百億円
第4位　雑誌広告　4千億円
第5位　DM　3千4百億円
第6位　展示映像　3千2百億円
第7位　屋外広告　2千8百億円
第8位　交通広告　2千3百億円
第9位　ラジオ広告　1千8百億円
第10位　POP　1千7百億円
となっている。
マスコミ4メディア広告と言われているのが、テレビ、新聞、ラジオ、雑誌である。折り込みはそのうち雑誌、ラジオを抑えて3位であることが注目される。それだけ、重視されてきていることが分かる。ちなみに、インターネット広告は8億円程度。これからどのように伸びてくるか分からない。チラシの場合は、折り込みのみのデータなので、その他に出されているイベント用、商品用、店頭用、ポスティング用などを含めるとさらに巨大な額となる。
＊電通資料参照

◆各種メディアと人との関係
●送り手

　メーカー・ショップ
　団体・個人

●メッセージ

　セール
　商品情報
　イベント
　告知
　ニュース
　招待

　チラシ

　折り込み
　駅配布
　店頭手渡し
　郵送
　ポスティング

チラシは、送り手が発信するメッセージを受け手に伝えるために制作されている。しかし、知らせるだけでなく、理解してもらえなければ何の意味もない。さらに、そのメッセージに応えて、行動してくれて初めてその役目を終える。

2／チラシデザインの概説

1.チラシの役割と意義

●大切なお知らせ

デザインは少なからずパブリックとしての役割を持っている。このチラシは公共団体のもので、医療に関する住民には欠かせない情報を伝えている。手描きのカットを入れながら、読む人にやさしく感じるよう工夫している。行動を促し、どう動けばいいかが記載してある。
提供＝(社)世田谷区医師会

●受け手

```
ユーザー・消費
メンバー・個人
    ↓
  知らせる
 情報／知識
    ↓
 理解させる
 賛同／感動
    ↓
 行動させる
 参加／購買
```

極端な言い方をすれば、チラシは経済を支えている。しかも、消費者のもっとも身近なところで機能を発揮している。日常生活の根本を支えているチラシのデザインが、評価されていい理由がここにある。デザインは人を動かしてこそ価値があるからだ。

こうしたメディアであるからこそ、デザインをフルに活用する必要がある。これまで、折り込みチラシのデザインは、専門の会社が担当してきた。そこに、驚くべきデザインのスキルが発揮されている。それはデザインの究極の技法と言っても過言ではないだろう。

また、その他のチラシにも、サイズの違いこそあれ優れたものが少なくない。映画や演劇のためのチラシには、アート的要素が見る人を楽しませている。

チラシには、伝えるべきメッセージが必ずある。セール、商品情報、イベント告知など種々の目的によって、異なった戦略でデザインされている。

その主な機能は、知らせる、理解させる、行動させることである。知らせるためには目に付きやすく、興味を引くものでなければならない。理解させるためには適切な素材を用い、分かりやすいデザインが必要だ。行動させるには、得する情報、サービスが盛り込まれなければならない。

デザイナーはこの3つの機能をセットするために、色や形、そして文字を使っている。それがコンピュータで作られようとも、見るのは人である。人の心に訴えかけるデザインをすることが、デザイナーの使命なのである。

ただそこに商品と価格が印刷されていれば人は動くわけではない。そこに満足(幸せを味わう)していただこうというプロ意識があり、心を温めるサービスがなければ、人は動かない。チラシデザインは、デザインの叡知が集約されているものなのである。

□パブリックデザイン□
public design

公共用のデザインであるが、意味は広く、利益目的でないデザインは全て含まれる。また公共福祉を目的とするデザインは、今後さらに重要度を増すと思われる。
公共の利益のために機能するデザインは欧米諸国で特に進んでおり、デザイナー自身が報酬抜きでそうしたデザインを制作するのが一般的になっている。そのため、デザイナーの意識の中に常にパブリックデザインが根付いている。
パブリックデザインの精神は、人が幸せに生活するためのメディア並びにツールを制作することで、それはデザインの根本精神と一致する。
教育や情操のためのデザインもまたパブリックデザインとして位置付けられる。最近体系化されてきた情報デザインも一部含まれる。

2／チラシデザインの概説

2 チラシの種類

●片面だけのチラシ
このチラシは色付きの上質紙に黒1色で刷られている。サックスコースの開講だけを知らせようとしている。上部にホワイトスペースをとり、美的効果にも配慮がされている。B5サイズで横位置のレイアウトは珍しいが、広がりを感じさせるデザインになっている。
提供＝ローランド（株）RMS教室運営部

一口にチラシと言っても、その種類も機能の仕方も違う。チラシという言葉自体は、情報を四方八方に広げるという意味の「散らす」から生まれた。限りなく情報の意味に近い。ヨーロッパではリーフレットであり、文字通り一枚の葉を意味している。したがって日本では二つ折りのチラシも存在するが、ヨーロッパではそれはパンフレットである。

形としては、3種に分けることができる。表（片面）だけのもの。表裏（両面）に印刷されているもの。二つ折りのもの（中にはさらに折りたたんだものもある）の3種である。これに、厚紙を使ったカード式のものを加え4種とする場合もある。

チラシは印刷を利用したメディアなので、印刷の費用はデザイン料よりも多くなるのが一般的である。そのため予算に制約がある場合、印刷費を軽減するために、インクの量を抑えるか紙質を下げることになる。当然、カラーよりも1色刷りの方が、安くなる。それによってチラシの種類が、使用する色数でも分類されている。

表だけのものは、情報量がそれほどない、あるいは予算の都合でという場合に採用される。裏面は白紙のままなので、家庭では裏をメモ書きや落書きをするのに使われる。

両面に印刷する場合は、両面カラーか表面カラーで裏面モノクロ（色1色や2色も含むことがある）の2種があり、裏面の色数を少なくするのは単に経済的な理由ばかりでなく、表と裏を差別化する場合にも便利である。

用途による分類は、ほぼ配布形式の違いによるものである。大きく分けると、折り込み、手渡し、ポスティング、送付、委託の5種類になる。この中でもっとも多いのは、折り込みで、これは新聞の折り込みが圧倒的に多い。手渡しは、街頭や店頭で配布するもの。ポスティングは家のポストに入れていくものである。送付は郵送が中心だが、ファックスなどによるものも含む。委託は、店などの机などに置かせてもらうものである。このほかに専用スタンドなどに入れておくものもある。

□アドカード□
advertising postcard commercial card

元々はアドカード社が新しいカードを利用した広告として事業を始めたもの。アドカードは同社の商標である。しかし、現在では同種の物はアドカードがすでに一般的な名称となっている。このカードは、企業の広告をカードサイズにし、ショップやレストランなどの店頭に専用スタンドを設置し、自由に持ち帰ることができるようになっている。
アドカードはポストカードのサイズになっているが、一種のチラシと考えられる。ポストカードとして使用するものだが、美的効果があるので飾ったり、コレクションしたりすることも多い。
広告効果も高く、費用的にも安価であるために今後さらに普及するものと思われる。
また、円形を初めとした特殊な形も利用されている。

・片面（表面のみに印刷）
情報量が少なく、限定されたメッセージを送る時に効果がある。

・両面（表裏に印刷）
一般的なチラシの代表的な形式。広く使用されている。

・見開き（中央に折がある）
新聞のように広げて見ることができる。情報量が多い時に効果がある。

・カード式（厚紙を使って印刷）
サイズは名刺判からB6ぐらいまで種類は多い。保持して欲しい時に効果がある。

2／チラシデザインの概説

2. チラシの種類

●見開きのチラシ

ユニクロが日本国内600店舗を達成したことを記念して制作された。A3判2つ折りで、左側が表面になっている。右側の裏面に表面のシャツの袖を出し、連続しているイメージにしている。ユニクロの定期的なチラシであるが、「特別感謝号」としているところに工夫の跡が光る。
提供＝ファーストリテイリング

◆チラシの種類一覧

種類	形状	内容
折り込み	新聞の朝刊に折り込まれるチラシ。B5判からA3判ぐらいまである。ときにはB全という大きいものもある。A4判がもっとも多い。小さ過ぎると目立たない。	圧倒的に生活に密着したチラシが多い。スーパーや量販店、不動産などが目立つが、これらのチラシは直接生活に必要な情報となっており、閲覧されるチャンスがもっとも多いのが特徴。ただし、曜日によって集中することがあるので工夫が必要。
手渡し	街頭や店頭で手渡しされることが多いため、A4以内か、コンパクトに折られている場合が多い。街頭の場合は特に受け取りやすいようにすることがポイントである。	その地域に住む人と、あるいは通ってくる人をターゲットにするため、受け取ってくれれば、かなり効果の高いチラシである。セールスプロモーションの一環として試供品と共に渡す場合もある。最近では、フィルムの袋に入れて手渡すことも多くなった。
戸別	ポスティングと呼ばれている。かなり小さいサイズのものがある。郵便物と同じで、あまり大きいとポストに入らない。封筒に入れることもある。	戸別配布でもっとも目立つのは、不動産関係のものである。時にしていかがわしいものも混ざるので、不快に思っている家も多い。しっかり作ってあるものは、DMと同じ効果を発揮する。確実に家に届くので、折り込み以上の伝達能力がある。
郵送	郵便によって配達されるチラシである。DMと呼ばれている。ハガキサイズから封筒に入るまでの大きさでなければならない。もちろん封筒にはたたんで入れられる。	アドレスが把握されているターゲットに対して郵送されるので、開封されるチャンスは高い。高価な商品の情報に使われる。最近では、宅配業者が配布するものも増えてきた。チラシの場合は、何枚かセットにして配布されるものが目立つ。
委託	店などに頼んで置いてもらうチラシである。カウンターや陳列台の横に置かれることもある。A4サイズのものが多く、紙質がしっかりしていて、持って行きやすい形にしている。	人の集まる場所に置いておけば、必ず持って行ってくれる人がいる。イベントのお知らせ、商品情報などによく使われている。集まってくる人の傾向がはっきりしているので、ターゲットが絞りやすい。最近ではポストカード式のものも普及している。

□電子チラシ□
electronic leaflet

インターネットを利用したチラシ。既製の紙のチラシを利用するものと、パソコンでデザインを行い掲載するものがある。地域に根ざした展開が多く、地元の商店などが、タイムリーにチラシを更新していくことができる。今後、インターネットがどのように伸びていくかで、普及の程度が決まってくる。例を上げると、大日本印刷の「オリコミーオ！」は郵便番号を入れることによって近くの商店の特売情報がキャッチできる。また、その画面チラシをプリントアウトして持参することで割引の特典などを付けている場合もある。紙のチラシとのタイアップで効果を上げる可能性もある。

2／チラシデザインの概説

3 チラシの歴史

●信仰を支える札
紙を発明した中国では、古くから木版刷りの札が作られていた。宗教には布教と守護という使命があるが、チラシはそんな中で効果を発揮した。この札は中国の少数民族が古代より作ってきたものだ。素朴ではあるが、チラシの原型を偲ばせる貴重な資料である。
提供＝(有)蘭花堂

□木版刷り□
xylograph print

木版刷りは6世紀には中国で行われていた。寺などが発行するお札や経文に多く用いられていた。日本でも早くから行われており、中国より伝わってきたこの技術を使って、8世紀に現存するものとしては世界最古の木版刷り「百万塔陀羅尼経」が考謙天皇により制作され、全国の護国寺に納められた。その後11世紀には中国では土を膠（にかわ＝動物の骨の髄から抽出した糊）で固めた活字が作られ、活字印刷の歴史はすでに始まっていた。金属による活字の製造は朝鮮の寺院で15世紀の初頭には作られていた。ヨーロッパでの活字の発明、グーテンベルグ（ドイツ）より50年も早かった。

日本における木版刷りは江戸時代に爛熟期を迎え、錦絵（浮世絵）という世界の美術史に残る傑作にまでなった。筆の軌跡を彫り出す、彫り師の技術はほとんど神業に近いと言える。

チラシの起源をたどると、メッセージを伝えるための種々のツールに行き着く。宗教の発達がもたらしたものに、布教で使われた絵や文字があり、それらが必要に迫られて発達した。社会が宗教とは別の為政者に支配されるようになると、支配者が配下の者に対して行った指示書や触書、あるいはそれに類するものが生まれた。それがチラシの原型と言える。

チラシの核となるものは情報を散らすということであり、現代における広告に結び付いたものは、その中の枝葉に過ぎない。

文字が発達していく中で、どうしても欠かせないのが基底材である。基底材がなければ文字も絵も刻むことはできない。まず、使われたのは粘土である。粘土に絵を刻んだり、文字（ピクトグラムや象形文字の場合がほとんど）を刻んだりし、それを焼いて固めたものもある。その後、使用されたのは植物性のもので、パピルスや板であった。動物が豊富なところでは動物の皮革も使われた。

しかし、それらは大量に製造できるものではなく、ましてや手軽に配布できるものでもなかった。一方、古代中国で発明された紙は、文明に大きな変革をもたらした。紙は植物の繊維を絡ませて圧着して作る。パピルスは植物の皮を広げて圧着しただけのもので、紙と似ているが紙ではない。

紙は、ただ書くだけのものではなく、印刷するための基底材となるのである。初めは木版画から始まり、やがて活字が生まれた。すでに、木版画で御札のようなものが刷られていたので、現代のチラシに近いものができあがっていた。

中国の故宮博物館には、それらのものが保存されている。活字は木製ではあったが、2千年前には中国で使われている。印刷の発明はグーテンベルクということになっているが、それは中国の歴史がヨーロッパに理解されていない時代までのことで、印刷もまた中国が世界で一番早かったと言えるのである。

需要の少ない書物などの場合は、それを写し取るという方法でしか、複製することはできなかった。しかし、仏教などの布教を盛んにするためには、教えやイベントを、写しているよりは木版で刷った方が早い。木版は重要な複製技術であったのだ。

文字の読めない民衆が多かった時代のチラシは、絵が主流となり、絵の心理的な効果やメッセージ性に工夫がなされていた。官僚（貴族）や知識階級は文字が読めることが一般的なので、必然的に絵よりも文字のものが多くなる。絵で説明する必要がないので、文字に凝ることになり、美しい書体で書かれたチラシが多く作られた。

木版で刷られるので、その筆跡を生かせる彫り師（版を彫る職人）の技術は極度に発達した。江戸時代の錦絵もこの流れを汲むものである。

チラシの目的は多数の人に対するメッセージであり、そこには大量生産の考え方が基本に流れている。印刷はチラシというメディアを大量に複製するためのものである。

産業革命により、それまでの生産体制は大きく変革された。日常使用する製品を多くの民衆に届けるために貢献した。その中で生産した製品を多くの人に買ってもらうための広告が芽生えていった。

これが資本主義の原理である。日本では、江戸時代に資本主義の前の段階である商業資本主義が成立した。そこに生まれたのが引き札（報状）である。

引き札は、日本における江戸時代の経済体制を物語る優れたチラシである。のみならず今日の経済体制でも十分通用するアイディアとデザイン性を持っている。引き札自体は、木版によって刷られている。

引き札の特徴は、見る人に楽しみを与えようとしているサービス精神に富んでいることである。中には字だけのものもあるが、色刷り（錦絵）のものには、戯作者が書いたしゃれたコピーが添えられている。錦絵（浮世絵）は当時の人気絵師が担当しているものが多く、かなりレベルの高い表現を誇っている。

斜めの構図でムーブメントを表現し、おおらかな効果がある。明治時代の煙草の引き札。「天狗煙草引札」東京都江戸東京博物館所蔵

2／チラシデザインの概説
3.チラシの歴史

●ヨーロッパのチラシ
1970年代のスイスの時計メーカーのチラシ。当時スイスの印刷技術は最高峰にあり、その技術がフルに使われた。このチラシは、旅行者に手渡されていたハガキサイズのもの。ロゴがアクセントに使われている。
提供＝Audemars Piguet

　盆暮れや開店披露に商店から出された報状は、ストーリー性のある、一種の読み物になっているものもあり、庶民の楽しみになっていた。商品の宣伝用のものは生活必需品に関するものが頻繁に出された。
　江戸時代の商売のやり方は、武家などの得意先に対しての訪問販売が主流であったので、ことさら宣伝するまでもなかった。しかし、一般の江戸市民が消費の対象に組み込まれてきたことを意味している。一般市民には、チラシ（引き札）による宣伝が効果を上げるということを理解し始めたのが17世紀後半のことである。
　情報的には「瓦版」と言われる号外的な木版刷りのチラシが生まれた。これは、ニュースをいかに早く市民に知らせるかがポイントであるが、版を彫って作るため、高度な技術が磨かれていた。
　引き札は、当時人気を博していた錦絵（浮世絵）に匹敵するものが作られ、引き札をもらいに市民が長蛇の列を作ったという記録も残っている。長蛇の列ができるほどのチラシにはいろいろな仕掛けがなされており、それがあたかもベストセラーを求める列を出現させたのである。
　明治時代はこの引き札の流れを汲み、資本主義の発達に大きな貢献をした。この引き札の流れは、昭和初期まで続き、実に200年の歴史を刻むことになった。木版刷りのものは明治初期で姿を消していくが、それに代わって印刷されたものが主流になった。
　1970年以後、オフセットによる印刷技術の発達が、さらにクォリティーの高いチラシを可能にしていった。これまでの活版印刷と違い、写真を手軽に使い、よりリアルな表現が用いられるようになった。
　1990年代になると、コンピュータの画像がいよいよ実用化され、あっと言う間にチラシはコンピュータによる制作に重点が移された。しかし、そうした技術の発達が、必ずしもチラシのデザインを成熟させているとは言えない部分も出てきている。

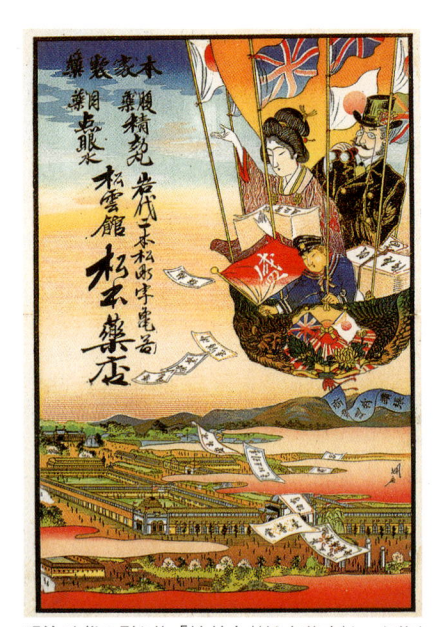

明治時代の引き札。「精効丸」（松本薬店）という薬を宣伝したもの。気球に乗ってくじ引きの札をまいている。
提供＝（財）吉田秀雄記念事業財団
アド・ミュージアム 東京

□印刷の発明□
the invention of the print

印刷の発明といったときは、活版印刷のことを指している。そしてもっとも大切なことは活字が使われたということである。しかし、木版刷りの項目でも触れたが、活字自身はすでに東洋では使用されていた。ヨーロッパではグーテンベルク（ドイツ1399〜1468）によって1450年に発明された。活字を使っての印刷は、その後急速に発達し、現代の印刷へと発展した。日本ではオランダ語通詞をしていた本木昌造（1824〜75）が明治2年（1868）に日本の文字の活字印刷を完成させた。
この本木活字を定着させたのが弟子の平野富二である。改良を重ね、東京築地活版所を設立し印刷を本格的な事業に発展させた。現在はこの活版はほとんど行われず、活字を使用しない平版（オフセット）で印刷が行われている。

ポスターに近い大正時代の引き札。山下呉服店が、和服にモダンなバイオリンという図柄に暦入りで作った。
提供＝（財）吉田秀雄記念事業財団
アド・ミュージアム 東京

2／チラシデザインの概説
3.チラシの歴史

●アメリカのチラシ
正方形のアメリカのチラシ。このスーパーのコーポレートカラーが赤なので、枠取りも赤にして目立つようにしている。「安く大量に買ってその分お金を貯めてください」という呼びかけになっている。誰でも、いつでも安く、レストラン並の食品が手に入ることをうたっている。
提供＝Smart & Final Stores Corporation

江戸時代の文字だけの引き札。越後屋（現三越）が大阪出店に際して発行したもの。割引をせず定価販売をする、そのために努力して低価格を実現したことを伝えている。この考えは現代でも基本になっている。日本における商いの原点とも言える。
「越後屋引札（複製）」東京都江戸東京博物館所蔵

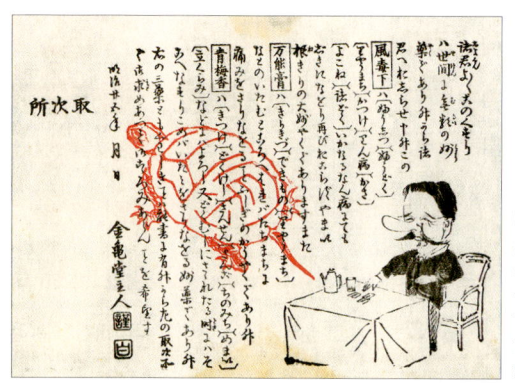

明治時代の木版刷りの引き札。金亀堂が製造している薬の宣伝用。天狗のような弁士が聴衆（この引き札を見ている人）に対して、その薬の効用を聞かせているというアイディアで作られている。シンプルだが赤い亀が印象に残るよう計算されている。
提供＝田中聡氏所蔵

昭和初期の活版印刷によるチラシ。なぜかエジプトが背景になっており、ラクダが「ホシ胃腸薬」を運んでいる。暑さに負けない、異国の雰囲気を出そうとしているのかもしれない。抽選券付きの大特売を知らせる内容になっている。上の方にいくにしたがって黄色が薄くなっている。
提供＝田中聡氏所蔵

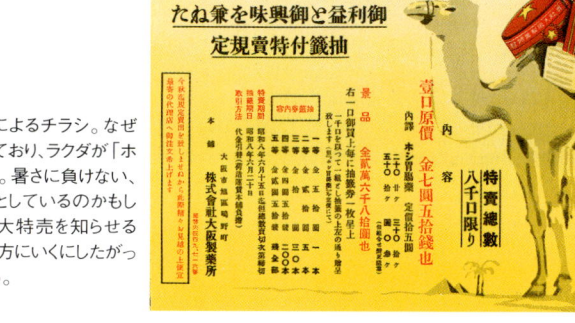

□折り込み広告の誕生□
the birth of the insertion advertisement

日本における折り込み広告、つまり折り込みチラシが初めて登場したのは、1880年頃と言われている。おそらくその頃を前後して新聞に折り込まれるようになったと思われる。新聞の創刊が、1872年（明治5年）東京日々新聞、山梨日々新聞などが創刊した。しかし、当初の新聞は一枚のペラモノであったので、折り込みというのは実際には存在していない。付録的に引き札として付けられることはあったが、折り込みになったのは紙面が2つ折りになった時からと言われている。新聞自身の広告を取る方に力を入れていたためもあるが、折り込みは20世紀に入ってから活発化した。新聞の販売形態が当初は、行商形式だったり、商店などへの委託という形をとっていたため、折り込みというシステムが定着するまでに時間がかかった。デザインやコピーが一段とレベルアップしたのは大正時代と言われている。この時期、専門の文筆家（コピーライター）や絵師（イラストレーター）が育っていたので、チラシは一気に近代化を果たすことになった。その流れが現代にも続いている。

2／チラシデザインの概説

4 機能のメカニズム

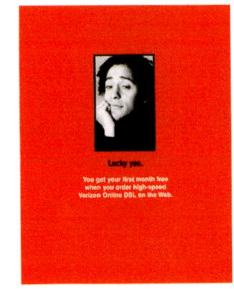

●シンプルでも
赤の地に黒の写真。きわめてシンプルなデザインである。「あなたに幸運を」というメッセージがいやが上にも伝わってくる。他の解釈が入り込む余地を拒否している、計算されたデザインと言える。アメリカのチラシはメッセージも具体的に作られる。
提供＝Verizon

◆チラシのメカニズム

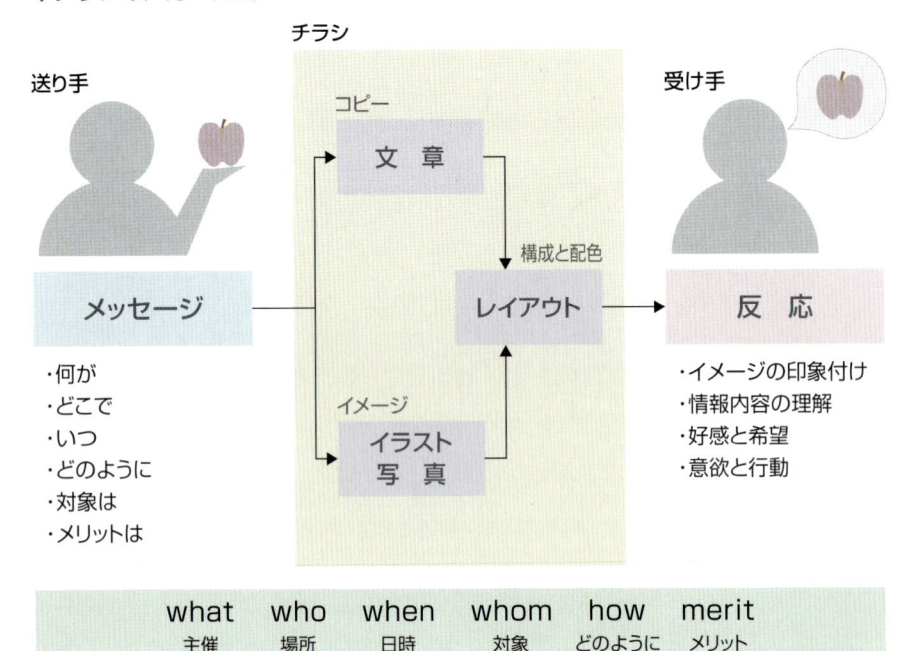

送り手 → メッセージ
・何が
・どこで
・いつ
・どのように
・対象は
・メリットは

チラシ
コピー：文章
イメージ：イラスト・写真
構成と配色 → レイアウト

受け手 → 反応
・イメージの印象付け
・情報内容の理解
・好感と希望
・意欲と行動

what	who	when	whom	how	merit
主催	場所	日時	対象	どのように	メリット

□反応率□
response rate

チラシを配布してどの程度の効果があったかを示す割合。広告効果の中の一つの項目である。広告効果には、実際にそのチラシによって行動は起こさなかったが、知名度を上げた、その企業に好感を持ったというものも含まれている。しかし、こうしたものを正確にデータ化するのは難しいため、チラシを打った際にその反応が分かるように、割引券のようなものを添付する。
つまり受け取った人が反応できるよう、広告物に添付するやり方で反応率を出す場合が多い。これをレスポンス・メカニズムと呼んでいる。これにはクーポン券、招待券、プレゼント券、抽選券、フリーダイヤル、予約券、注文書、申込書などがある。これらを、実施した後、実際に来た客の数をチラシの配布数で割ったものが反応率になる。
反応率を知ることによって、次回のチラシのあり方について考える、新しい企画を考える等のことができる。また、統計をとることによって販売戦略に生かせるようになる。

　いかにも簡単に見えるチラシのデザイン。一枚、そして小型サイズで目に入る範囲でのデザインは、ともすると軽く考えがちである。この小さなチラシでもデザインの基礎が必要である。
　そのミスでもっとも多いのが、チラシは読むメディアであるということを忘れてしまうところに起きている。つまり、ビジュアルに気が取られ、可読性を無視してしまうことだ。読めないチラシほど最悪なものはない。
　その原因は、チラシがどのような形で見る人にメッセージを伝えているか、というごく原則的なことの確認を怠っているところにある。チラシの持つ力は大きい。その能力を十分発揮させるためには、チラシのコミュニケーションのメカニズムを常に基本においてデザインすることだ。チラシには見る人がいるということ。見る人の存在を忘れてはいいデザインはできない。
　チラシだけではないが、デザインは送り手と受け手の間に立つ存在である。送り手とはクライアント（店のオーナーが自身でチラシをデザインする場合は自分）のことである。送り手は、メッセージを送りたいという意志（意図）がある。そのメッセージはイベントを知らせることだったり、セールの知らせだったりする。その目的は、メッセージを受けた人が、行動してくれることである。
　このメッセージを分かりやすく、しかも興味深いものにするため、企画が練られる。このメッセージを目で見えるようにするため、文字と絵（写真やイラストレーションなど）という2種のデザインエレメントが用いられる。デザイナーが扱うのはどんな仕事でもそうだが、ほとんどこの2種のエレメントなのである。
　抽象的で目に見えないイメージに形を与え、目に見えるようにするのがデザイナーの仕事である。文字は当然だが、文章であったり価格であったりする。絵は、イメージを伝えるもので、クライアントの気持ちとか商品イメー

2/チラシデザインの概説

4.機能のメカニズム

素材のイメージや空間の感じは、写真で見せた方が効果的である。布の材質感が伝わってくる。提供＝(株)スターベリー

ジを写真やイラストで表現する。
　この2種のエレメントをより確実なものにするのに配色がある。配色は、イメージを伝えるためのものである。より効果的な配色をするのがデザイナーに課せられた仕事である。
　これは、メッセージが記号化され、見る人たち(ターゲット)はそれを読み取る。読み取った人が、デザイナー(クライアント)の意図通りに行動してくれたら、デザインは成功である。これをデザインによる反応(効果)と呼んでいる。
　メッセージの受け手であるターゲットはなぜ、反応するのか。それはメッセージ自身に価値があるからだ。その価値の見せ方にデザイナーのアイディアがあったとしても、メッセージに人の心を動かす価値がなければ、人は動かない。これが、チラシの機能であり、行動までのメカニズムである。

□ダイレクトマーケティング□
direct marketing

一般的には、生産者(メーカー)が、問屋、小売店などを通さず消費者に直接商品を販売する事を言う。具体的な例には、工場での直接販売、メーカーのセールスマンによる訪問販売などが代表例である。この方法では店舗は必要でなく、また途中マージンもないため、格安で商品が提供できるというメリットがある。特に通信販売、インターネット販売などが最近増加の傾向にある。
実施にあたっては、顧客のデータベースを確保する、効果的なメディアを選定する、商品情報や生活情報を合わせた形の内容、受注から配送までのシステム化、代金回収のためのシステムなどの一連の処理を一体化した形態を、ダイレクト・マーケティングと呼ぶことが多い。ただし、電話での直接セールスはダイレクトマーケティングとは言わない。
折り込みを初めとした各種チラシが最近では目を引く。このジャンルではチラシが有効な手段であることがこれによって分かる。

2／チラシデザインの概説

5 目的とその効果

●メッセージがはっきりしている
このチラシの半分は50％の文字で埋まっている。その真ん中に全品という文字が入っている。これによって、店で扱っている商品の全てを50％引きにすることがはっきり伝わる。商品の写真で埋めるよりも、説得力のある数字でデザインした良い例である。
提供＝㈱メンズショップ サム

□販売促進□
sales promotion

販売戦略に基づいて行われる促進支援活動。略してSPと言われることが多い。SPにはプレミアムキャンペーン、試供品の配布、得意先セールス・コンテスト、口コミの活用、店頭広告の活用（POPの制作）、地域広告メディアの利用、業界・団体の販促、実験的ダイレクトコミュニケーションの利用、などがある。
元々これらは、メーカーが新製品の発売などで採用している方法である。この方法をショップでも活用する場合、それほど大がかりにはできないが、チラシだけの効果よりも、確実に売り上げがアップする。
しかし、小規模とは言え、実施に当たっては入念な計画が必要である。また、人手の省力化を図るため、試供品などは自由に受け取れるようにするなどの配慮も必要になる。
メーカー任せの時代から、小売店が独自にSPを計画する時代へと移行してきたと言える。

チラシには目的がある。この単純明快なことをしっかり理解しておかないとあいまいなデザインになる。そのチラシが何のためのデザインであるか、その目的から全てのデザインの制作は始まる。

目的は、クライアントから示される場合が普通である。しかし、クライアントから示される目的が、常に明快であるとは限らない。例えば「セールをしたい」という目的だけではデザインはできない。どのようなセールをしたいのかが問題なのだ。それはテーマにつながる重要なことである。

もし、クライアントから明快な目的が得られない時は、デザイナーはいくつかの提案をすることになる。どんなセールにしたらいいか、何を目玉にしたらいいか、今回のセールの目標は何か、このような問いかけにクライアントは少なからず自分の考えを返してくる。これらの答えの断片をつなぎ合わせ、デザインにおける目的を作るようにする。それは、ターゲットに対するメッセージを作る上で必要なことだからだ。

さらに単なるメッセージだけなのか、それとも売り上げの増加を目指しているのか、あるいはイメージアップをねらっているのか。より具体的にしていく。こうした目的によって、デザイン戦略が違ってくる。デザインの目的は、相手を幸せにすることである。この目的とチラシの目的は一致している。チラシは受け取る相手が喜ぶものでなければならない。また、そうでなければ人はそのチラシに目を止めてくれはしない。

目的はチラシの役割（P14）と密接な関係がある。つまり、その目的を達成するためにチラシが機能し、デザイナーはそうなるようにデザインをするからだ。その目的には、情報を伝えるだけのもの、商品情報を知らせるもの、集客のためのもの、イメージアップを図ろうとするものなどがある。

目的があるということは、必ずその結果が求められるということである。プロの仕事というのは、目的は単なる「こうなるといい」と

水曜日という客足が鈍る曜日をねらっての特売。スペシャルという言い方が、テレビ番組的なイメージを与え、新鮮な響きとなっている。どれだけ安いかを値段を見せることで伝えている。
提供＝㈱マルエツ

いうことではなく、どのように実現し、どのような効果を得るか、という計画を実践することだ。

クライアントより、価格をかなり割り引いたバーゲンセールをしたいので、チラシを制作して欲しいとの依頼を受けたとしよう。

ここでの目的はバーゲンセールの告知である。特徴となっているのは、価格の割り引きである。これらのことを基本に、デザイン戦略を立てる。商品の価格は誰でもよく知って

2／チラシデザインの概説

5.目的とその効果

●タイトルが全て

「おかしな2人」は芝居のタイトルである。片面が赤、もう片面が黒のシンプルなデザイン。このタイトルを知っている人は共鳴し、知らない人は「おや?」と興味を示す。黒の面には主役の4人の顔があり、そのそばに電話番号がある。この期間のみ出演者の声を聞かせた。チラシの機能を膨らませたデザインに引かれる。
提供＝シス・カンパニー

「愛と有機を、食卓に。」というキャッチコピーが光っている。有機は勇気にかけているが、「有機肥料で栽培する勇気と私たちの皆さんへの愛を」というコンセプトを素直に聞くことができる。
提供＝生活協同組合 神奈川ゆめコープ

いる商品がメインであれば、価格を前面に出してデザインする。大根がいつもなら100円以上するものが、20円で売るならば、この20円を大きくしたデザインの方が、見る人は一目で価格が安いことに気が付く。

その商品の価格は細かく知られていないがブランドとして知名度があるとすれば、割引率を前面に出したものになる。ブランド品は日常では価格をそれほど割り引かない。それを知っている人は、10％OFFという数字だけでも魅力的である。

割り引きという目的を持った時、その効果として「これは安い」という心理になる。また、そうした心理が生じるようにデザインをしていくことになる。

このように、目的が具体的な場合は、その具体例で表現すれば、受け手はそれを確実に受け取ってくれる。しかし、企業や店のイメージアップという目的の場合は、簡単にデザイン戦略は決まらない。

イメージアップは、抽象的なことであり、誇張し過ぎても、へりくだり過ぎても効果は弱くなる。イメージアップの目的は、元々その企業のイメージがあまり浸透していない場合に行われる。

現状より好感を持ってもらいたい、自分の企業をより多くの人に知ってもらいたい、といった目的の時のデザイン戦略を特に、イメージ戦略と呼んでいる。

イメージ戦略で大切なことは、受け手がそのイメージを的確に受け取ってくれるかどうかである。そのため、印象的なコピーや絵(写真やイラスト)との組み合わせを考えなければならない。

こうしたイメージ戦略では、出てくる効果が読みづらい。その効果(反応)を具体的に数字に置き換えることはできない。アンケートや懸賞などで、その効果を確かめる方法がとられている。

イメージアップを目的にした場合に注意しなければならないことがある。デザイナーが好きなように、デザインしてもいいのではない、ということである。イメージを伝達するために、イメージ言語(視覚言語)を用いて、より正確に目的としているイメージを相手に伝えることが要求されるからだ。

□イメージアップ広告□
image enhancement advertisement

商品を売るための広告、あるいは商品情報のための広告ではなく、その企業もしくは小売店のイメージをアップするための広告を指している。

イメージアップ広告は一見もったいないような印象を受けるが、実際には次のような効果があるため採用されている。

企業(あるいは小売店)の知名度を上げる、その企業活動を理解させる、そして好感を持たせる。これらの効果は、まだ接触がないユーザー、顧客に対して行われると効果を発揮する。特に好感を持たせるのは、リピート(継続して利用してもらう)させることにも役立つ。

イメージアップの場合、チラシの内容は、決して押し付けがましいものではなく、サービス精神に富んだものであることが大切だ。具体的に役立つ情報、心の行き届いた提案、得するプレミアの案内などを優先して、単なるイメージだけのものは避ける方がいい。

2／チラシデザインの概説

6 マーケティングの活用

●どうしたら集客できるか

「月曜得報」とネーミングされたこのチラシは、いろいろな意味を含んでいる。月曜はもっとも客足が落ちる曜日である。折り込みももっとも少なくなる。そこで曜日を限定し、チラシの数の少ない月曜日をねらって作られている。マーケティングが効果を発揮している。

提供＝㈱東急ストア

デザインは思いつきやひらめきで仕事をしていくものではない。もちろん直感や感性というものは必要であり、デザインにきらめきを与えるものである。しかし、それ以上に重要なのが、マーケティング（市場）を把握することだ。マーケティングは消費者やユーザー、ニーズといった言葉でも表現できる。

つまり、あなたのデザインを受け取るターゲットがいる場所なのである。その人たちの集団が市場である。マーケティングを把握するということは、その人たちを理解することである。その人たちがどんなところに住み、どのような趣味を持ち、毎日どのような生活を送っているのか。このことは、その人たちが何を欲しがるかを解析するのに役立つ。

もっとはっきり言えば、マーケティングが今、何を求めているかが分かっていた方が、的確なデザインができるということだ。しかし、マーケティングを把握するには、種々のデータが必要である。そのデータを集めることをマーケティングリサーチと言う。ところが、データを集めることができても、それを解読する力がなければ、正確な判断は難しい。デザイナーとして、そのプロになれとは言わないが、マーケティングの考え方だけは、身に付けておいた方がいい。

マーケティングの情報によって、どのようなデザインをすれば良いかのアイディアが、そこから生まれてくるからだ。ただし、マーケティングを重視し過ぎてもいけない。商品開発でも必ずマーケティングリサーチが行われる。しかし、必ずしもそれがヒット商品にならない。市場には予測し得ないことがたくさんある。それを感性や直感が補うのである。

チラシはデザインする場合と、配布先を決める場合にマーケティングリサーチが必要になる。どこに住んでいるか、性別は、年齢は、職業は、趣味は、収入は、などを知るのはその一歩である。また、現状を知るためのデータも必要だ。今何が求められているかを知る手がかりになるからだ。例えば折り込みの動向には、種々の意味が隠されて参考になる。

□マーケティングリサーチ□
marketing research

効率のいい広告活動を展開するために行われる、市場（顧客層）の調査。仕入れを行う際の参考データにもなる。

市場調査に関する収集データは、一次データと二次データの二つがある。一次データとは、小売店の抱える個々の問題に答えるための調査で得られたデータである。二次データとは、小売店の日常業務から得られるデータを中心に、その他各種団体や調査機関などが公表しているデータである。

一般的に、一次データを収集するには、オリジナル調査を実施することになるため、費用もかかる。そのため、先に二次データを収集し、それらを分析、検討する。その後、一次データ収集の必要が生じた時に実施する。

二次データには、小売店から収集される財務データ、苦情・返品データなどの内部データ、外部から収集される白書、統計書、報告書、業界紙等の外部データがある。

このような消費者の動向、購買力、地域特性、消費者の生の声、競合店調査などを行い、品揃え、価格、接客、レイアウトに生かす。調査法の一つに面接調査法がある。アンケート調査もこれに該当する。その他に個別訪問面接法、街頭面接法、セントラルロケーションテスト（CLT）、集合調査などがある。重要なことは、消費者の視点でものを考えることである。

◆折り込みチラシのマーケティング

チェック項目1
生活パターンを知る

チェック内容 客の生活パターンをチェック

通勤客層、主婦層などの生活サイクルをチェックする。駅、他店、外食店などの客の動きを確認する。

チェック場所 駅／店

チェック項目2
競合店を知る

チェック内容 先行店の動向チェック

先行して類似商品を売り出した店の動向をチェックする。特に売れ筋商品を確認する。

チェック場所 競合店

チェック項目3
最新話題を知る

チェック内容 社会的な話題をチェック

雑誌やテレビから、現在どのようなことが話題の中心になっているかをチェックする。

チェック場所 マスメディア

チェック項目4
市場動向を知る

チェック内容 消費の変動をチェック

作物の状況、流行商品の最近の情報を収集する。新聞などから、消費の増減の原因をチェックする。

チェック場所 新聞

チェック項目5
地域の流行を知る

チェック内容 地域の独特な流行をチェック

たとえば、マイホームのリニューアルのように、地域だけで流行している動向の情報を収集する。

チェック場所 得意先

2／チラシデザインの概説

6. マーケティングの活用

● 今何が欲しいか

中央にこの季節、旬の野菜を大きく出している。そろそろ食べたくなった料理と食材で埋めつくしている。ゴールデンウィークの行楽シーズンにふさわしい品揃えである。普段からのマーケティングと、仕入れ先の情報とが重なり合って生まれてくるデザインである。
提供＝三浦屋

◆ グラフで見る折り込みチラシの配布状況

● 3地区折り込みチラシ1週間の動向（表） 2003年3月集計

地区・新聞	分野	24日(月)	25日(火)	26日(水)	27日(木)	28日(金)	29日(土)	30日(日)	1週間合計
[A]東京 世田谷区 （朝日新聞）	流通(小売)	3	9	4	7	12	11	2	48
	各種サービス	9	5	13	2	3		8	40
	不動産	3	1	1	4	11	13	3	36
	通信販売	3	1	2					6
	その他	2	3	1	2	2	5	7	22
	小計	20	19	21	15	28	29	20	152
[B]神奈川 川崎市 （読売新聞）	流通(小売)	1	2	6	11	13	13	2	48
	各種サービス	4	10	10	2	7	5	9	47
	不動産				1	7	18	1	27
	通信販売		4	2	1	1	1	2	11
	その他	2	1	1		4	3	12	23
	小計	7	17	19	15	32	40	26	156
[C]埼玉 入間郡 （読売新聞）	流通(小売)		11	11	13	17	12	3	67
	各種サービス	1	12	6	4	7	5	3	38
	不動産	2			1	7	12	2	24
	通信販売				1			2	3
	その他			1		3	5	13	22
	小計	3	23	18	19	34	34	23	154

● 祝日が入った1週間

地区	3月17日～23日
[A]東京	210
[B]神奈川	198
[C]埼玉	259

3月21日が祝日

● 3地区の1日で入った最高量

地区	月日	部数
[A]東京	3/21	62
[B]神奈川	3/21	68
[C]埼玉	3/20	78

2003年1月～6月

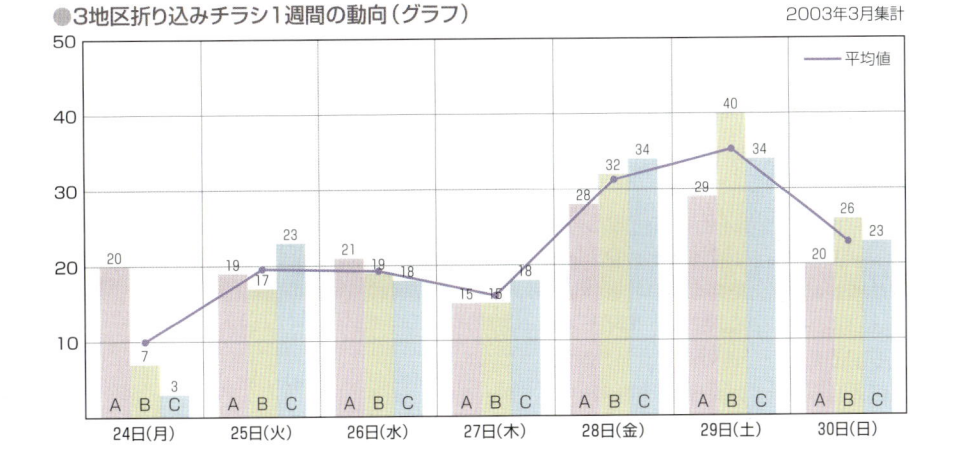

● 3地区折り込みチラシ1週間の動向（グラフ） 2003年3月集計

□ 業種別データ □
by business type data

全国業種別折り込み枚数表。
2002年総計。単位万枚。

1. 流通(小売店)────316.0
   百貨店
   準百貨店
   スーパー
   総合小売り
   家具・インテリア
   衣料洋品店
   家電
   医薬・化粧品
   輸送機器
   その他小売り

2. 各種サービス────135.1
   理美容・エステ
   旅行・ホテル
   外食
   遊戯・娯楽
   増改築・引っ越し
   塾・予備校
   スポーツ施設・教室
   各種学校
   カルチャーセンター
   その他サービス

3. 不動産────39.1
   マンション
   建て売り・企画住宅
   土地・霊園
   仲介・展示場
   その他不動産

4. 通信販売────18.4
   各種通販

5. その他────47.2
   金融
   官公庁・自治体
   公共団体
   求人
   通信
   メーカー
   医療

2／チラシデザインの概説

7 イベントとの相乗効果

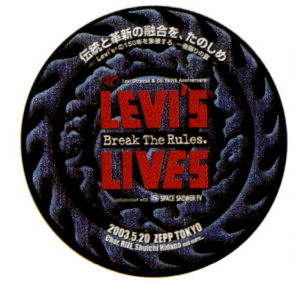

●楽しさを伝える
誕生150周年を記念したイベントを告知する円形のチラシ。ジーンズのイメージと象徴的なリベットのイメージを融合させている。リーバイスのおしゃれ心が伝わってくる。キャッチコピーに「伝統と革新の融合を、たのしめ」とあり、配色イメージがそれを盛り立てている。
提供＝リーバイ・ストラウス ジャパン(株)

セール用のチラシを制作したとしよう。そのチラシが実にきれいにデザインがまとまったとしても、そのセールが成功するとは限らない。チラシの役割はあくまでも、メッセージなのであって、セールの内容がまず魅力的でなければ、そのセールに人は来てくれない。良い内容があって、始めてメディアとしてのチラシが効果を発揮する。

セールに対するチラシの役割は、集客である。そのチラシを見て、いかに多くの人が店にやってきてくれるかは、内容とデザインの両方がかみ合っていた方がいい。

セールの内容に魅力があれば客は来てくれる。しかし、セールだけなら、他の店だってやる。他の店に勝つには、セール、プラス何かが必要になる。他の店にはないもの。それがサービスであったり、目玉商品だったりする。そして、特に有効なのがイベントである。

イベントというとタレントや人気キャラを呼んで行うものを思い浮かべがちだが、そんなに仰々しいものでなくてもいい。たとえば時間限定のワゴン販売などはよく行われているが、それほど手間はかからない。もちろん、人寄せのためのイベントに有名タレントでも呼べばいい。しかし、費用もかかるし、客がそれだけを目当てに来ることもある。

それよりは、セールを活性化させるためのイベントを考えることが基本だ。親子連れの人優先の限定販売とか、100歳以上（一人でも複数の人を集めた合計年齢でもよい）はさらに5％引きとか、セールを楽しむためのアイディアが必要なのである。

これは、クライアントが考えることであって、デザイナーの仕事ではないと、片づけてはいけない。こうしたヒントをクライアントに提案することも優れたデザイナーの仕事なのである。では、なぜそこまでするのか。それは、より楽しいチラシを作るための方法の一つだからだ。

イベントは相乗効果をもたらす。それは割り引きというメリットに対して、付加価値ということになる。常に付加価値を考えていく姿勢、これがいいチラシを生み出していく。

ライブの告知チラシ。独特のイラストが味を作り出している。このチラシはファックスで配布されてくる。
提供＝SLEEPY&IINO／(有)飯野和好画房

□キャンペーン□
campaign

特定の期間中に行われる販売促進活動である。新製品の発売、オープニング、記念イベントなどの時に行われる。
集中して行うため、効果が高いとされている。知名度アップ、売り上げアップなどをねらって行われる。キャンペーンの中身は、各種イベントを複合したり、懸賞やプレゼントを絡ませたり、特別にキャラクターを制作したり、複数メディアに広告を打ったりする。
時期を限定しているので、複数広告による効果も高く、その中でチラシも活用されている。デザインエレメントとしては、キャンペーン用キャッチフレーズ、キャラクター、マーク、ロゴ、ポスターなどが制作される。
そのほか、プレミア商品の製作やキャンペーンガールの採用などもある。

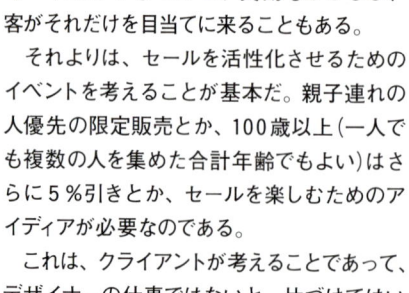

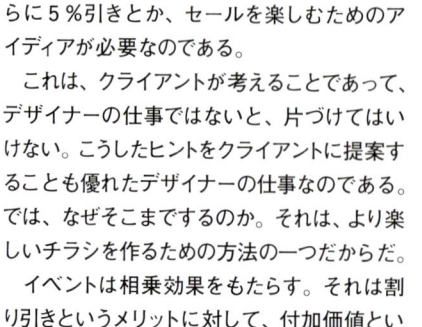

2003年六本木に完成した「六本木ヒルズ」の記念イベント「アート、デザイン、そして都市」の告知チラシ。未来的な都市空間を感じさせる。
提供＝森美術館

2／チラシデザインの概説

7. イベントとの相乗効果

特別イベントの告知用。赤と黒を基調とした新しい感覚が鋭い。提供＝日本リーバ(株)／Paradise Jam／INDIVISIO Inc.

2／チラシデザインの概説

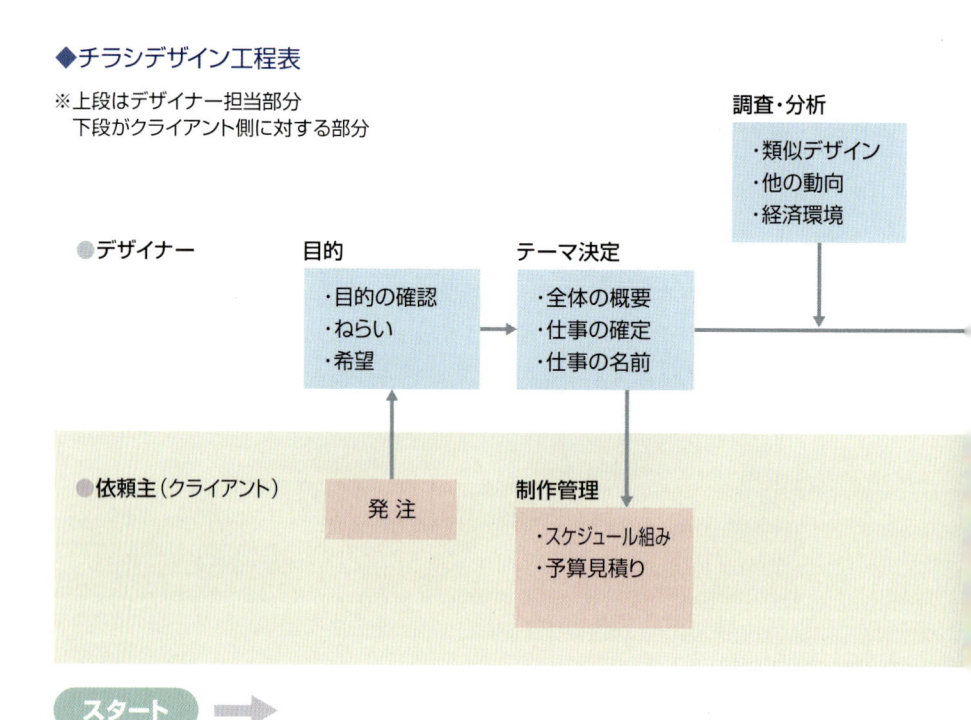

8 チラシデザイン企画

◆チラシデザイン工程表

※上段はデザイナー担当部分
　下段がクライアント側に対する部分

●デザイナー

目的
・目的の確認
・ねらい
・希望

テーマ決定
・全体の概要
・仕事の確定
・仕事の名前

調査・分析
・類似デザイン
・他の動向
・経済環境

●依頼主（クライアント）

発注

制作管理
・スケジュール組み
・予算見積り

スタート →

□アート・ディレクター□
art director

主にコンセプトをビジュアルにする人のことを言う。デザインは一般的にグループワークになるため、その作業をまとめる役の人が必要である。特に、ビジュアルに関する責任者として、機能している。
ディレクターとは監督という意味であるが、アメリカで早くから職能として発達した。直訳すれば美術監督だが、日本では広告における表現作業の統括者という意味が強い。
アートディレクターは、美的なものの見方ができ、しかも社会的な情報も広く持ち、人からも信頼を得るような人材がふさわしい。

　デザインの意味は、計画、あるいは企画である。デザインするということは、受注されてから納品までの計画を立てるということになる。もし、デザインは絵を描く仕事と思っているのだったら、かなり間違った認識をしていることになる。デザインは描くことより、計画を立てることがメインの仕事である。
　今起きていることをライブで伝えるのは、テレビやラジオ、あるいは電話というメディアが適しているし、過去の出来事を伝えるのであれば新聞や雑誌というメディアがある。探すとなればインターネットが圧倒的な力を発揮する。
　ではチラシはどうかということになると、少なくとも未来へのメッセージであって、まだそれは現実になっていないことを扱うものである。未来を扱うものであれば、計画が必要であり、それはデザインの制作の大部分を占める作業である。
　クライアントからの仕事の依頼があって、

企画はスタートする。まず、クライアントが何の目的でチラシを作るかを確認する。それによって、目的や全体のイメージを決めることができる。その中心となるのは、そのチラシによって、伝えたいことは何か、ということである。
　制作するのに最重要なのがテーマである。テーマは、いわばその企画全体に与えられる名前のようなものである。デザインは一人で行う小規模なものもあるが、一般的にはグループによって制作が進められる。
　そのために、この制作に関わるスタッフが同じ認識をすることが必要になる。全員が同じイメージを持たないと、バラバラな感じになってしまう。したがって、テーマは抽象的でなく具体的に、しかも簡潔な文章で作ることが大切である。
　必要であれば、テーマを補足する資料や解説を付ける。この資料には、独自にマーケティングリサーチしたデータやこれまでの実施例、

2/チラシデザインの概説

8.チラシデザイン企画

●不思議さの企画

単なるバーゲンセールに終わらせないために、「ミラクル」をキーワードに企画された。アウトレットで有名なリズムの春物バザールを奇跡的なイベントにしようとしている。水平に広がるレイアウトとMiracle Bazarにメルヘンのイメージカラーを採用している。
提供＝(株)ティー・シー・アセットマネジメント リズム事業部

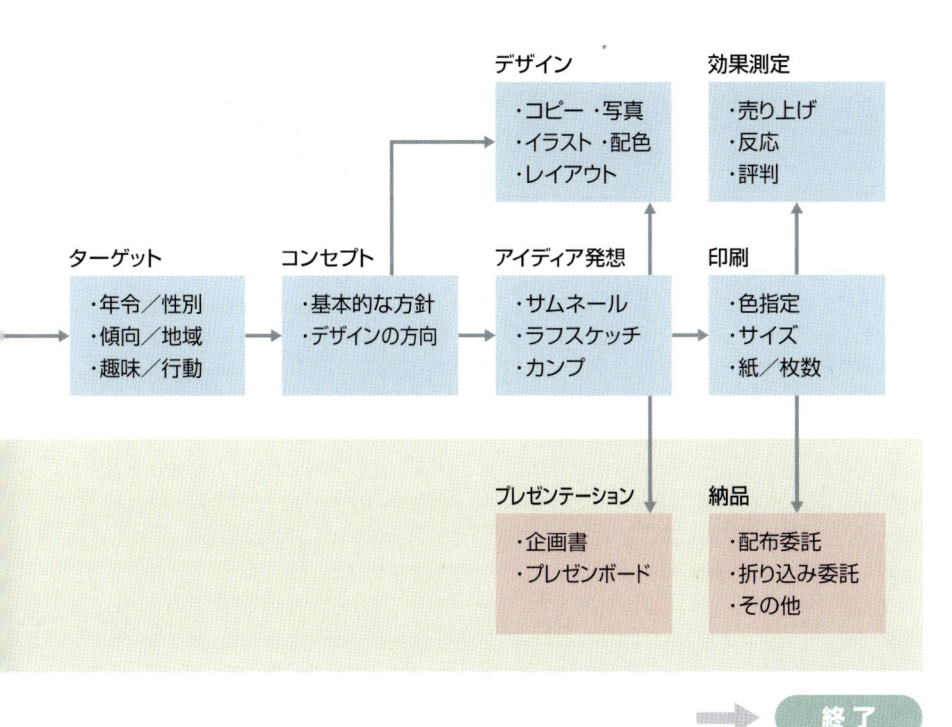

```
                              デザイン           効果測定
                              ・コピー・写真      ・売り上げ
                              ・イラスト・配色    ・反応
                              ・レイアウト        ・評判
                                  ↑                ↑
 ターゲット      コンセプト     アイディア発想     印刷
 ・年令／性別    ・基本的な方針  ・サムネール       ・色指定
 ・傾向／地域    ・デザインの方向 ・ラフスケッチ    ・サイズ
 ・趣味／行動                   ・カンプ          ・紙／枚数


                              プレゼンテーション  納品
                              ・企画書            ・配布委託
                              ・プレゼンボード    ・折り込み委託
                                                  ・その他

                                            → 終了
```

□プレゼンテーション□
presentation

デザインの世界では、クライアントに対する企画の説明が常時行われている。これをプレゼンテーションと呼んでいる。日本ではこれを省略してプレゼンと言うことが多い。

このプレゼンテーションによって打ち出した計画が、クライアントより承認されて初めて本制作に入る。

プレゼンテーションには、説得力のあるプレゼンテクニックが必要とされている。口調、プレゼンツール、プレゼン環境のデザイン（BGMを流すとか映像を映す）などがある。

プレゼンの精神は、あくまでも誠意であり、口がうまいとか、こけおどしのラフといったもので本来行うものではない。しかし、現実には内容よりも見かけで選ばれることもあり、アメリカのようにレベルの高いプレゼンが実施されることは少ない。それは戦略を読めないクライアントにも責任がある。仕上がりを予想できない担当者が増えていることも事実で、プレゼンをする側（デザイナー）の教育と、される側（クライアント）の教育が早急に必要だとされている。

ライバル会社の実例、海外の傾向などが含まれる。

次にチラシ制作に欠かせないのが、ターゲットの分析である。ターゲットとはそのチラシを主に受け取る人であるが、その人達がどのような状況にあるのか、その情報を把握しておく必要がある。ターゲットの分析データを元に、配色やコピー、あるいはキャラクターまで決めることができる。

テーマが決まり、参考資料の分析が済み、ターゲットが把握できると、いよいよデザインの基本的な方針を決める段階に入る。どのような考え方で制作するかということであるが、これをコンセプトと呼んでいる。

このコンセプトは非常に重要で、デザインの成功、失敗に関わってくる。ここで言うコンセプトは、ビジュアルに関してのもので、ビジュアルコンセプトという場合もある。

このコンセプトに基づいて、チラシ全体のイメージが決まる。コピーとか写真、イラスト、そして配色などがこれによって作られていく。ここでラフスケッチが作られる。これをクライアントに見せるのがプレゼンテーションである。

この時に提出されるものが、企画書である。この企画書には、テーマやコンセプト、その裏付けとなる資料、他にスケジュールや見積りなども付けられることがある。また、作るチラシによってどのような効果が期待できるか、その予測も添付したりする。プレゼンでクライアントの了解が得られれば、本制作が行われ、印刷原稿が作られる。

印刷原稿はデータや版下で印刷屋に送られる。これを入稿という。デザインの仕事はこれで終了ではなく、この後、何回かの校正が行われる。文字の校正（文字校）と色の校正（色校）が行われる。指定したものが忠実に再現されているかをチェックする。

最終校正（責了）後印刷、そして納品を受け、配布手配したのが消費者に手渡される。

2／チラシデザインの概説
8．チラシデザイン企画

●何を見せるか
横位置のこのチラシは、写真がメインになっている。しかも全て動的に撮影されている。冬が去り、やって来た春、さあ行動しましょう、というメッセージが見る人に心地よく伝わっていく。LaLaportのロゴを軽やかに浮かび上がらせ、嫌味なく印象付けるのに成功している。
提供＝ららぽーと

1 目的を明確にする

●まずイメージを持つ

デザインという仕事の中で、これが最低限度必要な能力というものがあるとすれば、それはイメージ力である。イメージ力とは、人なら誰にでも与えられている能力である。頭の中に浮かぶ映像を、イメージと呼んでいることからも分かるように、人の頭の中には、常に映像が浮かび上がっている。

イメージは言葉ではなく、映像であるというところに注目して欲しい。ものごとを絵で理解するのに慣れると、全体を把握するのに時間がかからない。言葉に置き換えようとするとかなり詳細な説明と時間が必要である。

例えば、風景を説明する時、言葉よりもその写真を見せれば、一瞬にして具体的にその風景を伝えることができる。もちろん、映像では伝え切れないものもある。そんな時は言葉で補えばいい。

何らかの行動をする前に、人は必ずこれからのことをイメージしている。このイメージを実現するために、種々の手段を考え、実行に移す。デザインという仕事もまた、まずイメージがあって、それをどのようにビジュアル（視覚化）にしていくかの計画なのである。

クライアントから与えられた仕事の全容を把握し、そのチラシがどんな目的を持っているかを確認しながら、伝えるべきメッセージを整理する。お知らせのような情報を伝えるのか、商品のイメージを伝えたいのか、それによってデザインは大きく違ってくる。

イメージを浮かべるには、漠然と考えてもなかなか的確なものは出てこない。送ろうとしているメッセージの本当のねらいと、その性格をまず分類する。例えば、大特売なら目玉商品の割り引きを示す数字のイメージ、あるいは集客が目的であれば、祭りのような楽しいイメージが湧いてくる。このイメージこそが、チラシのデザインを決めることになる。

◆目的とその効果

[目的＝ねらい]
- ・商品イメージを伝えたい
- ・売り上げを伸ばしたい
- ・ショップに活気を伝えたい
- ・ビジネスに勢いを付けたい
- ・集客を増やしたい
- ・イベントに参加させたい
- ・会社（ショップ）のイメージを植え付けたい

※実際の作業では該当する項目2つに絞る。

ねらいが明確でなければ、受け手は混乱する。ねらいこそがデザインの目標となるものである。

[その効果]

イメージ
イメージは主に絵や写真、色によって伝える。ビジュアルに訴えることが最も適格に相手に伝えられる。いいビジュアルは人の目を捉える。

情報
伝える内容の大部分は文字によって作成される。この情報が相手にとって価値があれば興味を引くことができる。

サービス
チラシのもっとも重要なことは、そのチラシを手にした人がメリットを感じるかどうかである。サービスがあれば人はチラシを片手に行動を起こす。

□広告目標□
aim of advertisement

広告計画におけるもっとも重要な設定項目である。広告計画では、その目的をまず明らかにしなければならない。

そのために行われるのが、マーケティングリサーチであり、商品の詳細な調査、消費者動向を把握しなければならない。

その結果を得て、広告目標は設定される。目標にはターゲット、地域、時期、期間、規模を盛り込むことが最低条件である。これらの設定条件は、あいまいであってはならない。できるだけ具体的に、特に数量的なもので表せる場合には、数字で示すことが基本である。

つまり、広告目標は、イメージ的なものではなく、より具体的なものなのである。しかし、広告全体のコンセプトにも影響を与えるので、イメージ的なものを排除してはならない。

そのチラシが何のために制作されるか、実はあいまいな場合が多いのである。

2／チラシデザインの概説
8.チラシデザイン企画

●今することを伝える

企画の重要性は、タイミングに合わせたメッセージをいかに作るかである。マツモトキヨシが11月に出した「冬支度準備週間」というチラシである。これといった特徴のない時期に、冬を意識させるという企画は優れている。商品は定番ものだが、「ああ」と思わせるところが秀逸である。
提供＝マツモトキヨシ

2 テーマを決める

全体のイメージがつかめたら次にテーマを設定する。テーマは、仕事の内容を示す名前である。そのチラシの制作に関わる人が、同じ理解と認識を持つためと、同時に、そのチラシの目的を明らかにするためのものでもある。

ある実験を例に上げる。小学生の2つのグループがある。一方にはただ絵を描くように指示を出し、もう一方にはその時の季節の楽しさを描くように指示を出した。その結果、何の指示もないグループの作品は、メッセージの不明な作品が多くなり、指示のあったグループの作品は季節の喜びがメッセージされ、見る人に感動を与えた。

目標やテーマが与えられると、それに向けて最善の努力をし、短時間の間に具体的な結果を出すとこの実験は教えている。このように、テーマがない仕事はまとまりが遅くなったり、まとまらないこともある。

テーマには、そのチラシが求めている目標が盛り込まれる。例えば春の運動会のチラシを作るとしよう。単純に「春の運動会」をテーマにしてもいい。しかし、これではクリエイティブなイメージは浮かんでこない。

ここに「楽しい」を入れてみよう。「春の楽しい運動会」というテーマになる。この方が、イメージしやすい。

さらにどのように楽しいかを加える。「春のドキドキするような楽しい運動会」にすると、より具体的なイメージになってくる。この方がチラシに盛り込むビジュアルやコピーが形になりやすい。

チラシの仕事は、実施日の決められたイベントを告知するものが多い。したがって、デザインに費やせる時間は限定されており、決められた時間内で、最大の効果を発揮するものを制作しなければならない。テーマがあれば、より早く目標に到達することができるのである。

◆テーマの決め方

1	目的（ねらい）から発展させる	→ 例：棚卸しセール
		・在庫を減らしたい
2	キャンペーンを考える	→ 例：創立記念セール
		・期間を限定した記念催事
3	具体的な価格に焦点を当てる	→ 例：○○がなんと100円
		・他店と比較できる価格
4	商品内容とかブランドを全面に	→ 例：イタリアの○○が
		・ブランドは目玉になりやすい
5	楽しみの連想（サービス）から考える	→ 例：新社会人の方優待
		・行けば楽しみがありそうな予感

□4P戦略□
4P strategy

マッカーシーが提唱し、コトラーが補強した広告戦略であり、概念である。4Pとはproducts、place、promotion、priceの4つの頭文字のPをとって付けられたネーミングである。

1.productsは製品・サービス・知的所有権など、主に商品の全容を把握し、導入期、成長期、成熟期、衰退期のいずれにその商品が位置しているかを確認する。

2.placeは流通経路を意味しており、製品が消費者に届くまでの経路の支援策を考える。いわば流通業者に対するプロモーションのことである。販売手段・チャネルとも言う。

3.promotionは販売促進に限定した意味ではなく、広告、SP、PRなどコミュニケーション全体の戦略を意味している。これはプロモーションミックスと呼ばれている。

4.priceは言うまでもなく価格のことである。しかし、デザイナーが決めるものではなく、メーカーが原価から割り出すものである。ただ、デザイナーは消費者の価格意識の傾向を知り、決定された価格がどのような意味を持つか、それを広告に反映させなければならない。

以上が4Pの考え方である。しかし、これはどうしてもメーカー側（小売店側）の考え方であり、ここに消費者の視点ということでpersonを加え、5Pにすべきだという考えもある。

33

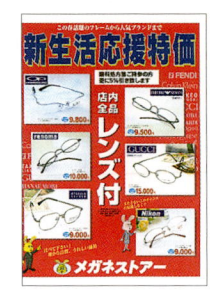

2／チラシデザインの概説
8.チラシデザイン企画

●誰に対して

「新生活応援特価」とタイトルが付いているこのチラシは、4月から新生活を始める人（新入社員）に対してのものだ。エネルギッシュな赤に白（若さ）を加えた濃いめのピンクを基調色にしている。ささやかだがキャラクターの先輩らしい雰囲気が、若々しいイメージを高めている。
提供＝メガネストアー

3 ターゲットを決める

デザインは不特定多数の人へメッセージを送るためのものである。デザイナーは見えない相手を想定して、内容を決めていく。手紙は、相手がよく分かっているので書きやすい。また、分かっていれば親身になって書くことができる。デザインも同じでメッセージを送る相手がはっきりしていた方がやりやすい。

ターゲットを想定するためには、その相手がどこに住み、性別や年齢がどのような人であるかを決めていく。もちろん、この人というのは一人ではなく複数であり、集団である。この集団がどのような傾向を持っているか、あらかじめ調べることになる。

調べ方にはいろいろあるが、チラシを作ろうとしている商店ならば、配布先は地元中心になるので、地元であればその地域の特性は把握しやすい。また、把握しないで営業はやっていけない。日常の営業活動の中で、役立つ情報の収集は怠らない。

では、その地域のことを何も知らないメーカー等の場合はどうか。この場合は、各自治体が出しているエリア情報を確認するか、実際にその場所を歩いてみれば、かなりのことが把握できる。高年齢層が圧倒的に多いエリアに進学塾のチラシを配っても効果は出ない。

調査もあまりせずに出店し、早々に撤退していく例は多い。他の所で成功したからといって、どんな場所でも成功するとは限らない。魚がいない川に糸を垂れても、魚はかからない。魚が群れている場所を探すのが、マーケティングリサーチである。アンケートや対面調査などを実施すれば、かなりの費用がかかってしまうが、公表されている種々のデータを利用すればほとんど経費はかからない。

特に重要なのは、日々来店してくれる客から情報を得ることである。アンケートもしてもらいやすいし、観察もしやすい。ターゲットを定めるには、観ることから始まる。

◆「ねらいは」に答える項目

1.	地域	チラシにおける最重要項目。どこに住んでいる人をターゲットにするか。特にショップや教室は立地条件と重なる。
2.	性別	性による違いは、戦略を立てる上で欠かすことのできない情報である。
3.	年齢	どの年齢に属しているかによって、配色やキャラクターの好みが違う。
4.	職業	職業によって生活パターンは異なっている。余暇の使い方や出勤パターンはアイディアに影響する。
5.	趣味	人は趣味にはお金を惜しまない。スポーツ、音楽、美術、旅行などを志向している人の実態の把握。
6.	資産	生活レベル、住宅形態、貯蓄など商品の価格や形状に影響する。
7.	家族構成	独身、夫婦、家族それぞれねらい方が違ってくる。それぞれに必要なものが違うからだ。
8.	交流	どのようなグループや団体に参加し交流を持っているかは、集団心理を採用する根拠になる。
9.	略歴	どのような形で文化や情報に関わるかを知る上での参考になる。
10.	購読	読んでいる雑誌や新聞の傾向からデザインの雰囲気を探ることができる。新聞の折り込みには欠かせない。

これらの項目を全て正確に知ることはできない。
しかし少数でもサンプリングしたり、観察するだけでもデザインに及ぼす影響は大きい。

□参考情報□
reference information

買い物をする際に参考とする情報をどのメディアから入手するか、ということを指している。

買い物は、食品、衣料品、家庭電器、AV機器、不動産、スーパー、デパートなどを利用する場合のもの。

この場合のメディアとは、新聞広告、テレビ広告、ラジオ広告、雑誌広告、折り込み広告、DM、店頭広告、その他（インターネットなど）である。

新聞広告	18%
テレビ広告	28%
ラジオ広告	2%
雑誌広告	13%
折り込み	51%
DM	15%
店頭広告	21%
その他	12%

＊重複回答のため合計が100%にならない。

＊2002年全国広告資料参照
このデータで分かることは、かなり高い率で参考情報として折り込みを利用していることが分かる。最近は、その信頼性も上がっており、折り込みをどのように制作していくかは重要なテーマとなっている。

●コンセプトが全てを決める

入学・進級を祝うこのチラシは、いなげやのコンセプト作りのうまさを物語っている。キャッチコピーは控えめだが、掲載されている商品が雄弁に物語っている。新鮮な鯛、赤飯、そして竹の子など。目線は「鮮魚まつり」に行くように、デザインされている。企画力が抜群である。

提供＝いなげや

4 コンセプトを作る

　テーマとターゲットが決まり、必要な資料が揃うと、デザインの方向、考え方、基本的な方針を決めることになる。これをコンセプトと呼んでいる。このコンセプトによって、デザイナー、コピーライター、イラストレーター、カメラマンは同じ認識（コンセンサス）を持つことになる。

　資料には、テーマに沿って収集したものが適している。それに関する文献、過去の類似作品、ターゲットのデータなどである。現在では、インターネットによって資料が集めやすくなっている。資料を集めるに当たって重要なことは、集め過ぎないことだ。

　研究論文を書くのではないから、専門的な資料は不必要である。また、調べると当然、どんどん枝葉に分かれていくので、範囲が際限なく広がっていく。これは限られた制作時間の中では危険なことである。

　資料は、アイディアを出すためのものであり、創造性に刺激を与える役割を果たすものである。資料収集と分析が20％、発想と制作は80％と考えていい。資料に頼り過ぎると、説明的になりやすい。説明的なチラシは、押し付けがましく感じることがある。

　その発想と制作を支えるのがこのコンセプトであり、チラシの成功と失敗の鍵を握っている。コンセプトには、既成概念を破るような意味が求められる場合もあるが、必ずしも既成概念を破る必要はない。逆に既成概念を利用することも必要になる。

　コンセプトは元々、概念を表すものだが、チラシデザインではデザインに限定される。ビジュアルとかコピーなどの戦略を表す場合も多い。例えば「明るく、見る人に躍動的なイメージを与える」や「ソフトで健康を意識し、多くの層に共鳴を得る」といった表現が使われる。抽象的な言葉よりも、具体的なイメージが湧きやすい言葉が選ばれる。

◆コンセプトの3つの側面

全体の基本方針	＝	まず、チラシ全体をどのような形で仕上げるかを決める。そのチラシの目的から来るもの。 例／メモリアル強調型、カーニバル型、価格強調型
イメージの選択	＝	チラシのイメージの性質を決める。イメージチャート（P83参照）から選択する。 例／若々しい、メルヘンチックな、カーニバルなど
デザインの方向性	＝	色と形（文字、写真、イラスト）の方向性を決める。 例／イメージ「若々しい」の配色、花のイラスト、やさしい書体など

2／チラシデザインの概説

8. チラシデザイン企画

□広告計画□
the advertisement plan

広告戦略の計画を意味している。クライアントからの受注を受けて目標達成までの計画を立てる。これは、戦略的問題であって単にデザイナー側の都合で作られるものではない。

簡潔に言えば、いかに効果の上がる広告にするかという戦略である。戦略（strategy）はあくまでも目標を表すものであり、その手段は戦術（tactic）と言われており、戦術はあくまでも戦略を達成するための手段である。ある意味では、広告計画はクライアントに対する経営戦略への提案でもある。

チラシは当然その中の具体的対象である。本来は広告計画なくして制作されるものではない。また、計画には方程式がない。その商品、その時期、その場所などによって、柔軟に計画を練る必要がある。

同様に戦術についても言える。たとえばレイアウトのフォーマットにしても種々のものがあり、やれZ式が定番だとか、逆V式が最大の効果を上げるとは言えない。計画はダイナミックに、しかも柔軟に立てるのが望ましい。

2／チラシデザインの概説
8. チラシデザイン企画

5 スケジュールを組む

チラシ制作の現場では、時間的な制約を受けて進行する場合がほとんどである。チラシが用いられる状況は、おおむねイベントの実施直前ということが一般的である。そのため手際の良い作業が要求される。

生鮮食料を例にとると、その原価が毎日変化するのが当たり前なので、ぎりぎりまで価格の設定が行えない。そのため、目玉商品を決めるのも遅くなる。それに伴って、デザインする側も柔軟に対応する必要がある。価格の変動が直前にあって、印刷の段階で修正が行われることもしばしば生じる。

スケジュールは、そうした予想しうる変更要因(アクシデント)を常に念頭に置きながら組まれていく。現在では、コンピュータと印刷機のネットワーク化により、印刷工程は大幅に縮小されている。

定期的なチラシの場合は、あらかじめ掲載予定の商品写真はデータ化(フォトサムネール)され、ストックされている場合が多い。デザイナーはそれらのサムネールから選択する。フォトサムネールがない場合は、その撮影のスケジュールを組み込まなければならない。

大手のスーパーマーケットのように、レイアウトに使用するレイアウトフォーマットを作ってある場合も多い。レイアウトフォーマットとは、そのつどレイアウトを考えるのではなく、基本的なフォーマット用紙(グリッド式のものが多い―P93参照)のことである。

このように時間を合理的に使うための工夫がされているのが、チラシデザインの世界である。プロの世界は、スピードが求められている。また、時間を節約するためには、あらゆる可能性を知っておくこと、そして応用力を身に付けておくことが必要なのである。スケジュール組みは、このようにできたらいいなあ、というのではなく、そのように進めるという強制力を持っているのである。

□ワークフロー□
workflow

業務に関する作業の流れを分かりやすく定型化したもの。デザインの作業は、効率よく行わないと、納期に間に合わなくなることが多々ある。それを防ぐために、あらかじめ予定を組んでその範囲以内で作業を進めて行く必要がある。

特に発想段階では、時間をかければいくらでもかけられる要素がある。発想は、その発想方法によって、たっぷり時間がかかるものと、要点を抑えて短期に行えるものとがある。

最初から何をすべきかは、決めておいた方が無駄がなく、また、やり残しがない作業になる。作業に参加しているメンバーはワークフローによって、現在何が行われているか、そして何をすべきかを確認することができる。

もう一つ重要なことは、責任者のチェックを経て次に進めれば、仕事にメリハリが付けられる。特に決裁の必要なものには作業全体を把握しながら行うことができる。

◆スケジュール組みのポイント

着想段階・企画書の作成　　制作段階・印刷原稿作成　　印刷段階・校正

・目的とねらいの確認　　・デザインと版下の制作

| 資料収集と分析 | テーマとコンセプト | アイディアとラフスケッチ | 見積り | プレゼンテーション | イメージの確定 | レイアウト | 素材(コピーライト) | 版下の制作 | 出力見本校正 | 製版刷版 | プレ印刷 | 印刷 | 製本 | 発送 |

・打ち合わせから企画まで　　・素材の制作から版下データ　　・色校・修正を繰り返す

●1〜5日 → クライアント承認　●3〜5日 → クライアントチェック　●2〜5日 → 納品

上記の日程では、データで制作する場合、最短6日間は必要であり、部数によるが、一般的には約2週間が納品までにかかる工程ということが分かる。

6 予算を組む

　デザインもまたビジネスである。ビジネスである以上、その仕事からどの程度の利益が上がるのかを知っておく必要がある。一般的に、デザイナーと営業は別と見なされており、仕事に関する見積りにデザイナーはタッチしないことが多い。その理由は、会社の経営事情を知られたくないということがもっとも大きい。

　これまでは、経済性を考えていると創造行為が鈍るという理由もあった。また、逆にその仕事の売上高を社内で競い合わせる所もある。デザイナーにとっては、全く知らされないのも、ノルマの材料にされるのも決していい影響にならない。

　デザインはビジネスという本質がある限りデザイナーも経済観念を持つことが当然である。デザインするときに、経済的な制約を考えない方が良い発想につながるというのは、間違っている。デザイナーは常に与えられた条件の中で、最大の効果が上がるようにデザインをすべきである。

　デザイナーが特に意識しなければならないのは、資料収集費、図版(イラスト)作成費、写真撮影費(レンタルの場合もある)、印刷費、配布手数料である。クライアントからの予算提示があった場合は、その範囲内で制作するにはどうしたらよいかを考える。

　印刷に関係するものは、印刷屋任せではなく、日頃より複数の印刷屋の料金の傾向を知っておくとよい。特に、用紙はデザインの効果に大きな影響を与えるので、種類や単価を知っておくことが望ましい。ただし、紙の単価はメーカーは公開していないので、紙の小売店に確認するようにする。

　予算を組むということは、その基本に自分が担当する仕事の代価はどの程度かを認識するということである。見積書の作成に関しては、上記項目に通信費や送料などの他に特殊なもの(例えばダミー制作費)が加えられる場合もある。

◆見積りに必要な情報項目

デザイン制作関係

項目	内容
デザイン品質	1.効果よりもコスト優先　2.効果、品質を重視　3.バランスのとれた標準タイプ
サイズ	1.B5　2.B4　3.A4　4.A3　5.その他のサイズ
ページ数	表紙と裏表紙を含めたページ数
デザイン頁数	片面のみの場合は1ページ
色数	1.4色フルカラー　2.1色　3.2色　4.特色プラス
写真点数	1.撮影の有無　2.サイズ　3.点数
イラスト図表点数	1.品質　2.サイズ　3.点数
納期	1.至急　2.1ヵ月　3.2ヵ月　4.その他

※企画から納品までの場合は企画料がプラスされる。

印刷関係

項目	内容
印刷品質	1.低　2.中　3.高
用途	1.折り込み　2.配布　3.ポスティング　4.郵送　5.その他
サイズ	1.B5　2.B4　3.A4　4.A3　5.その他のサイズ
折り加工	1.なし　2.二つ折り　3.三つ折り　4.特殊
印刷面数	1.片面　2.両面
色数	1.4色フルカラー　2.1色　3.2色　4.特色プラス
用紙	1.薄　2.やや薄　3.普通　4.やや厚　5.厚
紙質	1.普通紙　2.再生紙　3.特殊
用紙タイプ	1.光沢(コート紙)　2.無光沢(アート紙)
枚数	1,000単位、一般的には500枚以上
図版点数	1.写真点数　2.イラスト点数(カット含む)
納期	1.至急　2.1ヵ月　3.2ヵ月　4.その他

※印刷は印刷方式によっても価格に差が出てくる。

□デザインマネージメント□
design management

　デザインの進行を管理し、作業がしやすい環境を確保しつつ、スムーズな制作が行えるようにすること。

　デザインの作業における人と人との結び付きをどうはかっていくか。他部門との調整などを含めて組織を管理していく。時には、必要な人材の確保、問題が生じた際の調整。マネージャーの仕事は多岐にわたる。

　アートディレクターが、デザインワークの監督者とすれば、デザイナーが働く環境の管理者である。ディレクター初め、デザイナーが雑務や無駄なことから解放され、伸び伸びと仕事ができる条件を整備していく。

　今後、デザインマネージメントはますますその重要性を増していくものと思われる。

2／チラシデザインの概説

8.チラシデザイン企画

●どうしたら反応があるか
オレンジと赤の暖色系がひときわ目を引いたキャンペーンのチラシである。「100えん」の文字を大きく出し、誘引性を高めている。左下4分の1に申込書を付け、会員募集の目的を明快にしている。このチラシの効果は帰ってきた申込書の数で確認できる。
提供＝（株）サメジマコーポレーション

7 効果の予測と測定

デザインは、デザイナーの単なる感覚で制作されるものではない。もちろん、感覚は非常に大切であるが、それが自己満足になってしまうことを避けなければならない。極端な例だが、チラシを配布して、一人も客が来なかった、ということがあったとすれば、そのイベント自身に魅力がなかったか、メッセージが十分に伝えられないデザインであったか、が問われる問題なのである。

デザイナーが十分満足していても、その結果が不十分な時は、その責任の一端を背負わなければならない。ここで大切なことは、デザインは作りっぱなしのものではないということである。

そのために、あらかじめチラシによって、どの程度の反応があるかを予測することが必要になる。これは、初心者が行うには、あまりにも経験的な情報が少ないので、ベテランがすべきである。これまでどのようなデザインが効果を上げたのかを参考に、作業を進めることが基本となる。

過去の実施例がある場合には、クライアントに対して、それまでの、該当チラシとその際の売り上げデータや来客データをできるだけ提示してもらう。これらのデータは、直接デザインに反映されなくても、アイディアを考える上で大きな参考になる。

過去のデータがない場合には、今回担当したチラシによって、どのような反応があったかを克明に記録すれば、貴重な資料になる。

チラシを配布して、どのような効果があったのかを測定することには大きなメリットがある。この場合の測定とは、集客数とか売上高といったものである。

制作したチラシ毎に、実施後に集客、売り上げ、配布部数、時期、チラシの評判、改善点などを項目別に記録したものをファイルあるいは、データ化しておく。このデータは、次回のチラシ制作にも役に立つ。

□ 広告効果測定 □
advertisement effect measurement

実施した広告の効果を測定すること。広告の重要な使命は、広告目標の達成である。その目標は販売戦略に基づくもので、あらかじめ効果を予測して設定されている。広告実施後に予定した効果が得られたかどうかを知るには、感覚ではなく、数量データによって確認する。

一般的にアンケートなどによって購入者に聞く方法がとられている。その内容は、どこでそのチラシを見たか、そのセールの印象はどうだったか、その店の好感度は以前より増したか、商品を購入して満足しているか、などを聞くことによって、広告の効果を知ることができる。

また、もっとも明快なのは集客人数、売り上げである。もちろん、その数字がそのまま広告効果を表しているとは考えられない。品揃えの問題、サービスの問題、店員の対応の問題などがあるからだ。しかし、次のチラシを考える参考データにはなる。そういった意味で広告の評価を数字に頼るのではなく、次に生かすための資料ということで効果を測定することが基本だ。

◆効果予測リスト

[過去のデータを生かす]

項目	内容
配布地域	配布したエリアと配布手段は？
配布部数	チラシのサイズ及び配布した部数は？
時期と特徴	配布時期とチラシの枚数は？
売り上げ（来客数）	チラシ配布後の売り上げと来客数は？
評判とクレーム	客から寄せられた反応とクレームは？

毎回制作したチラシはそのものの保存と上記のデータを記録しておくことが次につながる。

[今回のチラシの効果予測]

●各予測ポイント	●自己採点
1. 今回のチラシの改善点 前回のチラシのどこを改善したか	0. 1. 2. 3.
2. 今回のチラシの特徴 前回のチラシとの相違点は	0. 1. 2. 3.
3. 集客の仕掛け 目玉となるものは何か？	0. 1. 2. 3.
4. セールスポイントとの自己評価 今回のウリとなるものは客が喜びそうか	0. 1. 2. 3.
5. チラシ効率と売り上げ目標 配布したチラシ1枚あたりの売り上げの目標	0. 1. 2. 3.

0:あまり評価できない 1:これまで通り 2:少しは良い 3:期待できる。1～5の合計点が13～15:かなり良い 10～12:これまでよりわずかにアップ 7～10:これまでと変わらない 6点未満:期待できない

3／チラシデザインの発想法

アイディアは突然宇宙の彼方から
やってくるわけではない。
日常の生活の中にすべてのヒントは隠されている。
いいチラシは隣人のように語りかけてくる。
プロとして考えるな。デザイナーの立場を離れ、
一生活者としてチラシに触れてみればいい。
これまでの様式を否定し、
これからの生活に必要なデザインの技術を考える。
特別な技術があるわけじゃない。
いつも前向き。チラシに必要なのは前を見る目だけだ。

(1) アイディアの源泉

(2) アイディアの出し方

(3) デザインエレメント

(4) チラシレイアウト技法

(5) 配色技法

3／チラシデザインの発想法

1 アイディアの源泉

●非日常性の演出
ラフォーレ原宿の「ポートベローマーケットがラフォーレ原宿にやってくる！」と題された型抜きのチラシである。手描きのラフォーレ、その前のテント、そこには服がコラージュされている。こんな形のチラシは見たことがない。非日常性を感じさせることで新鮮な驚きを与えている。
提供＝森ビル流通システム（株）
（株）ラフォーレ原宿

チラシのアイディアを出すためにはどうしたらよいかを説明してみよう。その前に、アイディアはどこにあるかということを知っておくことが必要だ。なぜなら、アイディアの収納場所を知っておけば、そのつどその場所に行って、アイディア箱の引き出しから、必要なアイディアを取り出せるからである。

アイディアの大部分は、あなたの脳の中にある。コンピュータは脳のメカニズムを利用して作られているが、メモリー（記憶装置）がそれに該当する。これまで、見たり聞いたりしてきたものは、全て脳に記憶されている。脳という巨大な記憶装置は、コンピュータの比ではない。おびただしい容量の情報が記憶されている。ただし、見たり聞いたりしたことが雑然と記憶されているので、引き出す時に手続きが必要になる。いわば、パスワードや指令（コマンド）とも言うべきものである。

アイディアは種々の細かい情報が組み合わされて一つの形になる場合が多い。そこで、設定されたテーマを分析して、細かいチェックリストを作ると比較的早くアイディアが固まる。チェックリストの項目がいわば、コンピュータにおけるコマンドに当たる。

ソフト―ハード、明るい―暗い、優しい―クール、若年―熟年、男―女といった項目に分けてイメージを浮かべる。あるいは、一つの項目に対して、連想することでイメージを探し出していく。これらのやり方は、デザインの現場では頻繁に用いられている。

アイディアを出す場合、脳以外のものから刺激（ヒント）を得ることもできる。マーケティングのデータや類似作品のチェックなどがそれに該当する。

脳にインプットされた指令は、アイディアという形でアウトプットされる。入れなければ出てこないのである。テーマを意識していれば、別のものを見た時に、アイディアになってアウトプットされる場合もある。常に柔軟な姿勢が発想には欠かせない。

□イメージトレーニング□
image training

イメージを浮かべることによって目的のものを習得するためのトレーニング。スポーツでは勝利のイメージを持つことによって行動が敏捷かつ柔軟に行えるようにトレーニングに応用されている。デザインにおける、イメージトレーニングはイメージの発想を柔軟にするためのトレーニングで、発想力を高めることができる。イメージは脳の中に浮かぶ映像である。脳の中に記憶（メモリー）の新しい組み合わせをすることによって新しいイメージができあがる。この作用を妨げるのが、固定化された既成概念で、これを崩すことによって発想力は高まる。このトレーニングによって誰でも確実に発想力は高まる。デザイナーには特に必要な能力である。

◆脳のメカニズム

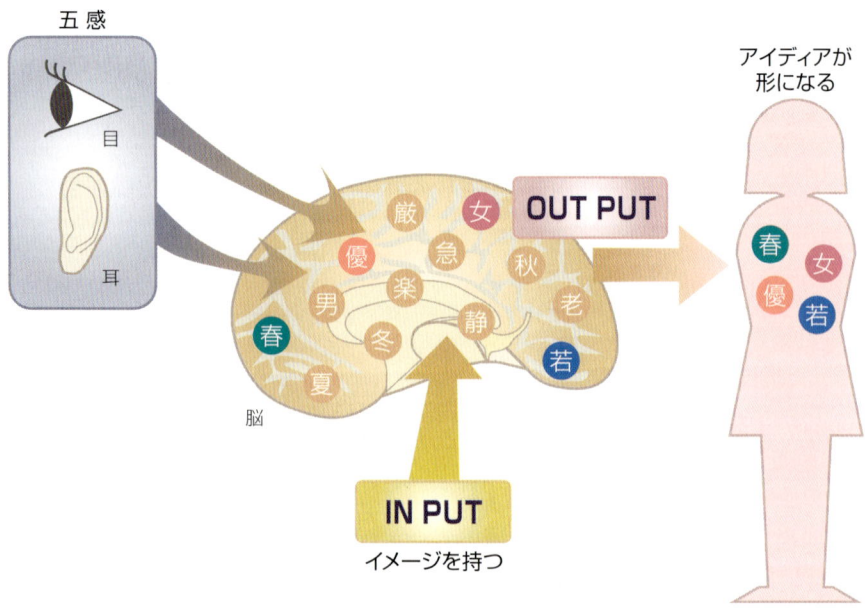

五感

アイディアが形になる

OUT PUT

IN PUT
イメージを持つ

脳には五感によって得られたあらゆる情報が記憶されている。ただし、これらの記憶は整理されずに雑然と収納されている。

3／チラシデザインの発想法

アイディアの出し方 2

●スクープは常に新しい
アイディアは楽しみや夢の中から生まれてくる。「新種発見」の見出し、これは新聞なのである。よく見れば新の下に機が付いており新機種と分かる。auの名がほとんど隠れている。遊び心が溢れているこのチラシから、楽しげな笑い声が聞こえてくる。楽しいことを嫌う人はいない。
提供＝KDDI(株)

アイディアが出ないという人の多くは、発想力が貧困な人というレッテルを貼られてしまう場合が多い。しかし、発想力は訓練によって高まるものなので、訓練すれば誰でもある程度のレベルに達することができる。

発想力は、発想するための方法を学ぶことで高めることができる。発想力がないという人のほとんどは、その方法を知らないだけなのである。

前述したチェックリストによるものや連想によるものは、発想する際に大いに役立つ。チェックリストによるものをチェックリスト法（対立する項目を設ける場合はオズボーン式と言われている）、連想してアイディアを作り上げていくやり方はブレーンストーミングという。ブレーンストーミングは、一人でもできるが、数人で行うのが一般的だ。

いずれにしても、あるルールがあり、そのルールに則って進行させる。つまり、発想はただ漠然とやっても効果がなく、ルール化することによって、かなり合理的にアイディアを導くことができる。

最も簡単な方法は、いいアイディアを真似るというものだ。ビジュアルをそのまま使えば著作権に触れることもあるが、アイディアは基本的に真似てもかまわない。同じ発想の仕方をすれば、いいアイディアになる確率は高い。この成功した作品例に学ぶ方法は、既成のものを加工するというものだ。改良、改善、改革は元になるものがある場合に可能な方法なのである。

アイディアを作る時に、脳の中で行われていることは、複数の情報を結び合わせているということだ。その組み合わせによって新しいアイディアが生まれてくる。これは、既成のアイディアを複合して、新しいものを作るということに応用できる。

こうした方法は、特定の人ができるということではなく、誰にでもできるということを意味している。

◆アイディアの展開例

1. 基本は自分がうれしくなることを連想する。
今ある形から、本来こうであったらいいと思う形を考える。

2. 2種類以上のものを複合する。
現在あるデザインやアイディアを複合させる。

3. 古いデザインを加工する。
過去の作品を現代風にアレンジする。

4. 他のメディアを転用する。
他のメディアのものをチラシに応用する。

5. 環境や状況から発想する。
一つのテーマに対して種々の切り口から発想する。

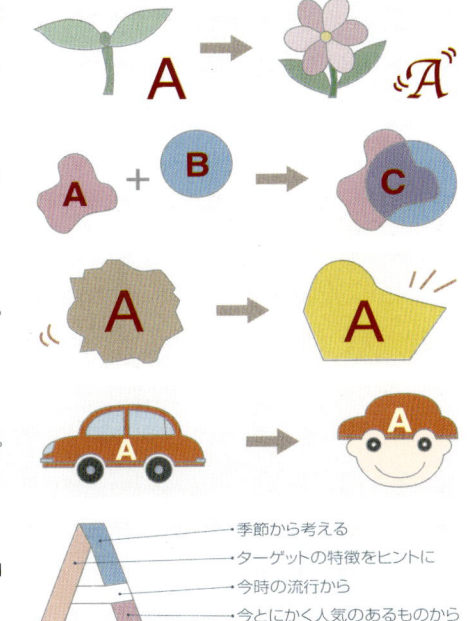

・季節から考える
・ターゲットの特徴をヒントに
・今時の流行から
・今とにかく人気のあるものから

□ブレーンストーミング□
brainstorming

グループでアイディアを出す方法の一つ。アイディアは、一人で考えているよりも、集団で考えた方が、異色のものや幅の広いものが得られる。
ブレーンストーミングは、できれば3人以上でやるのが望ましい。一人がチェアマン（進行担当）になり、残りの人が、思い付いたことを口にしていく。出された意見や言葉をチェアマンは記録していく。進行上のルールは時間を決めること。出された意見には批判をしてはならないこと。チェアマンは意見を挟んではならない。以上の3点がルールである。
決められた時間が経過したら、チェアマンは、出された意見をグループ化し、検討しやすいようにする。これによって、出された意見を組み合わせたり、発展させたりしてアイディアをまとめる。
一人でやる場合は、できるだけリラックスして、深く考えず思い付いたものを書き出していくといい。

3／チラシデザインの発想法
2.アイディアの出し方

●ただ目立つだけではなく

多くの折り込みの中で人の目を捉えるには、それなりのインパクトが必要である。この親と子を大胆かつシンプルに描いたチラシには、子を持たない親も目を止めてしまう。斜めの構図で、ムーブメントを出し、ピンクの本で新しさを表現している。メッセージがストレートに伝わる。
提供＝スクール21

1 人の目を引くためには

●アイキャッチャー

チラシのみならずグラフィックデザインでは、まず人が注目してくれなければ、機能を発揮することはできない。良いデザインは、人の目に留まるものである。日々おびただしい数のチラシが作られている。しかし、人の目にも付かず捨てられていくものも多い。

そこで、目を捉えるための工夫が必要になる。

目を捉えることをアイキャッチと言う。絵（イラストや写真）をアイキャッチャーと呼び、文章をキャッチコピーと呼ぶ。

アイキャッチャーは、目を捉え、即座にイメージを伝えるためのものである。絵は形と色からできている。人の目を捉えるには形と色の誘引性（人の目を捉える性質）を利用する。そのために、1.興味深いキャラクターを採用する、2.形の心理作用を利用する、3.色彩心理を利用する、という3つの方法が考えられる。

□キャラクター□
character

性格や人格のこと。人の持ち味のような意味もある。デザインでは、記号や文字もキャラクターと呼んでいる。
一般的には、芝居、映画、漫画などに登場する人物（または動物など）のことである。最近ではゲームの中の人物などもキャラクターと呼ばれている。
広告で言うキャラクターは、個性的な役者であったりタレントであったりする。キャラクターの採用によって、広告効果に差が出てくるため、採用に当たっては戦略的な検討が必要である。
キャラクターは、ディズニーに代表されるように、それだけで膨大な著作権が入ってくるものに発展する可能性を持っている。そのために、キャラクターが粗製乱造されている傾向にある。キャラクターが完全にビジネス化してしまった現代では、安易で消耗的なキャラクターが多くなって、あっと言う間に消えていくことが多い。
キャラクターは、植物と同様、種を蒔いて、育てていくという発想がないと、大きく育つことはない。
情操的には、人から受ける感性が微弱になり、他人の存在を意識できない情緒が不安定な子が増えるとも言われている。教育的な配慮もなく作っているキャラクターに対して、批判も出ている。

放射を利用したこの星型のパターンは、もっとも人の目を引く。バクダンと呼ばれるこの形は、チラシのアイキャッチャーの定番である。

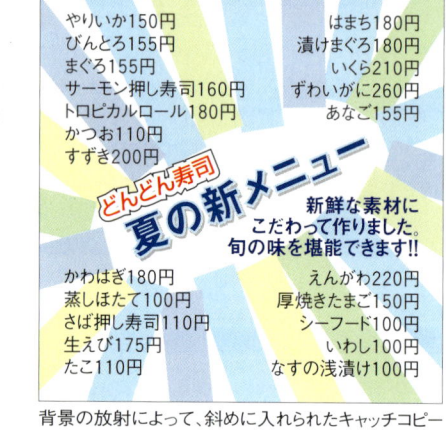

背景の放射によって、斜めに入れられたキャッチコピーに否応なしに目が行く。安定しているものより、斜めの構図は誘引性が高い。

目を捉えるのは、何よりも人である。人の持つ魅力はいつの時代でも威力がある。美しい、鋭い、笑顔、流れるようなフォルム、それらにはどうしても目が行く。

人の目を引くもう一つの要素は色である。コントラストを強めたり、補色のようなハレーションを起こす配色を利用する。緑の中の白、そして赤に目が行く。

●**小さいキャッチコピーでも**
肌触りのよいというイメージカラーで配色されている。小さなキャッチコピー「うとうとしている間に」が、白地にひと際目立つようになっている。このコピーと「お家でエステ」が手軽さと身近さを感じさせ、心を動かす。にぎやかなチラシの中で、ほっとするデザインである。
提供＝ポーラ ホームエステ

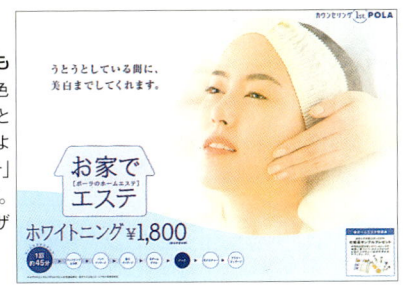

●**キャッチコピー**

　キャッチコピーは、もっとも目立つ文章のことで、ヘッドコピーとも言われている。コピーは意味を伝達すると同時に、見た人に素早く好奇心を起こさせることができる。日本の場合は欧米と違い、あいまいな表現が多い。和文はかなり抽象的な内容でも、好奇心を引き立たせる力を持っている。

　しかし、読むには一瞬と言えども時間が必要である。そのためキャッチコピーは簡潔でしかも語呂のよいものが適している。さらに強調した書き方は目が引き付けられるのと、あれっと思わせるために「！」を末尾に付けるという方法がとられることが多い。

　キャッチコピーは、大きいサイズのものが多いが、人の目を捉えるにはある程度の大きさがあればよい。色を目立つものにすればさらに目立つが、目立たせ過ぎると可読性が失われてしまうので注意が必要だ。

◆**キャッチコピーの役割**

1　人の目を引く　―　はっとさせる文体
　　　　　　　　　　　書体、大きさ、色

人の目を捉えなければ、チラシを見てもらうことができない。人の目を捉えるためには書体、大きさ、色が重要な役割を果たし、一瞬で読み取れる簡潔で、興味を起こさせる文体が効果を上げる。

2　興味を感じさせる　―　新鮮さ
　　　　　　　　　　　　　メリットのある情報

チラシ全体に目を通してもらうためにもっとも重要なことは、「新鮮さ」を感じさせることである。流行語のような新しい感覚の文体を用いるのも一つの方法だ。また、その内容が読む人の得になる情報でなければ即興味を失う。

3　印象に残す　―　語呂の良さ
　　　　　　　　　　特徴の語句

文法的には正確さがなくても、語呂の良いもの、テンポが良いものを優先する。語呂の良いものは読む人を楽しませるだけでなく、記憶に残しやすい。さらにオーバーと思われるぐらいの特徴のある語句であることが望ましい。

●**キャッチコピーの効果を高めるワンポイントコピー**

| 新発売 | 緊急告知 | 特報 | 第○弾 |
| 最終 | 本日限り | 衝撃 | ○%OFF |

これらの語句はキャッチコピーの頭などに付けられるワンポイントコピーである。これを付けることによって、さらに人の目を引き付ける効果が得られる。

◇**課題1**◇
人目を引くパターンを作る

［条件］
①人の目を引く形を10個作る
②中は黒で塗りつぶすのも可
③1つの形が5×5cmのフォーマットに納まるように描く
④仕上げはA4のケント紙（P6のフォーマットを確認）を使用

⑤使用画材は製図ペン、色鉛筆、定規、コンパス、テンプレートなど、何でも使用してよい
⑥制作時間は3時間

［制作上の注意］
①人目を引くための条件を考える
②幾何形態でも具象形態でもよい
③使用する色は黒1色
④サムネールは30個は欲しい

3／チラシデザインの発想法
2.アイディアの出し方

●読ませるには真実を語る

色付きの上質紙に黒1色でデザインされた「七志」のチラシは、コピーが主役である。商品が持つ魅力を伝えられるのは、色や写真だけではない。真実を伝えるコピーもそうだ。虚偽で飾られたコピーはすぐ分かる。このチラシは自信がみなぎっている。つい読ませてしまう力である。

提供＝ナナシフードサービス

2 読ませるためには

チラシの重要な機能は、ポスターなどと違って読ませるということである。手にとって読んでもらって初めて効果を上げるメディアである。そのため、読ませるための工夫が必要になる。もちろん、興味を持たせるためには、内容が重要だが、それとは別に読みやすい表現、読みやすいレイアウトが要求される。

読みやすい表現は、テンポとか語呂が大切だが、あまりすっと読めて素通りになってもいけない。読む人の心に共鳴させなければ、そのチラシの目的を達成することができない。文章はコピーと呼ばれている。このコピーを専門に作るのがコピーライターである。それだけ、コピーを作るのは難しいと言える。

そこで、読ませるための文書を作るにあたって、いくつかの方法を参考にしてみよう。

まずもっとも基本的なルールは、「誰に」、「何を」、「どのように」言いたいか、という3つ

◆気になるコピーの作り方

サンプル	特徴
○○の可能性を広げる!!	商品の長所を強調する
今が一番○○セール	期間を限定することで緊急性が高まる
○○新しさの始まり	新鮮であることは常に心を引き付ける
○○のスタイル提案	提案型のものはプラス志向の刺激になる
大○○祭	祭はオーソドックスだが心を高揚させる定番
いよいよ○○新発売	いよいよ、わくわく、ドキドキは期待感を持たせる
本年最後の大特価	季節と同調させることで当り前のことが重要に思える
○○円!! ○○%OFF	具体的な数字を出すことで納得させる
きっと○○が見つかる	欲しいものが手に入る期待感を増幅させる
ありがとう!!○○感謝フェア	感謝のことばに悪い思いをすることはない

□心に届くコピー□
copy which reaches a heart

コピーの役割は、目を捉えて読ませる、理解させる、好感を持たせる、印象に残させる、行動させるの5つと言われている。
しかし、広告におけるコピーはコンセプトから生まれてくるもので、そのコンセプトに偽り、誇大広告的な考えが、まずないという前提の上で成り立っている。
かつて、チラシがかなりいい加減な内容であったことがあり、そのためチラシに対する信用度が低かった。最近は、そうした内容は顧客のリピートにならないことが分かっているし、ただ売れればいいというメーカーや小売店は客が離れ、倒産や不況という結果が見えている。
これからのコピー作りの基本は心で読ませることだと言われている。実際には心で読むことはできないが、心に響くコピーはできる。そうしたコピーを心に届くコピーと呼んでいる。

●やかましいではなくにぎやかに
このチラシに7つのコピーが所狭しと入れられている。しかも全部書体を変えてある。なのにやかましくないのは、基本レイアウトをしっかり抑えているからだ。にぎやかだから楽しい。そういうものはふっと読んでしまう。黒と特色1色の2色刷りだが、にぎやかさがある。
提供＝日本大学芸術学部 演劇学科

のことに絞られる。「誰に」は、ターゲットであり、そのターゲットがどのような層なのかを考えて書くということである。その人達になじみやすい文体で書けばいい。「何を」は、メッセージそのものであるから、そのチラシの目的に忠実に書くことになる。「どのように」は、コンセプトに基づくもので、文体のイメージに影響する。

しかし、高年齢層をターゲットにしたからといって、普段使わないような言い回しや漢字は避けるようにする。あくまでも基本は読みやすくすることだからだ。どのように書くか、ということはコンセプトからやってくるが、勢いよくとか、しっとりとしてとか、おしゃれに、といったコピーの雰囲気の問題である。この3つのルールと実は、もう一つ大切なことがある。それは、相手の気持ちに呼びかける姿勢で書くということだ。サラッと読めるものより、気持ちに引っ掛かり、止まる文章が望ましいのである。

◆読みやすさの追求

●文体

驚きの　安値　大爆発
↓　　　↓　　　↓
インパクト　具体性　高揚感

・前—人の目を捉えるインパクト
・中—具体的な内容
・後—雰囲気を高める語句

●色のバランス

驚きの安値大爆発

驚きの安値大爆発

コントラストを付けないと読みづらくなる

●書体

驚きの安値大爆発

・シンプルなもの
・見やすいもの

●読みづらい書体

驚きの安値大爆発

驚きの安値大爆発

・加工し過ぎるもの
・装飾し過ぎるもの

●字詰め

驚 き の 安 値 大 爆 発

アキ（字間）が広いとインパクトは弱まる。

●字間と行間

驚きの安値大爆発驚きの安値
驚きの安値大爆発驚きの安値
驚きの安値大爆発驚きの安値
驚きの安値大爆発驚きの安値
驚きの安値大爆発驚きの安値
驚きの安値大爆発驚きの安値
驚きの安値大爆発驚きの安値

行間よりも字間の方が広いと、目は近い方の文字に移ってしまう。

3／チラシデザインの発想法
2.アイディアの出し方

□字詰め□
kerning

文字を組んでいく時に、文字と文字の間を調整すること。
文字の幅は一定ではないので、文字によって間を調整しないと流れるような文字組にならない。文字の幅は活字のように決まった幅があれば調整しやすいが、幅は一定ではない。そのため調整は感覚に頼る以外に方法はない。
特に和文書体の幅は微妙で、この字詰めには長年の勘が必要になる。字詰めの基本は、オープンスペースとクローズスペースの見分け方である。
たとえば「し」と「つ」が「しつ」と並んでいる時、この2文字の間はオープンスペースになっている。「国」と「園」が「国園」と並んだ時、この2文字の間はクローズスペースと言う。オープンスペースの場合は、2文字の間をできるだけ詰めなければならない。またクローズスペースの場合は、逆に離さなければならない。
2文字の間のスペースを見かけの面積といって、この面積がすべての文字組で一定になるようにする。ところが、これはあくまでも見かけの面積なので、勘が必要になる。
覚えておかなければならないのは、文字は機械的に詰められない、ということである。サイズが上がれば上がるほど、それは要求される。

3／チラシデザインの発想法

2.アイディアの出し方

●造語が生み出す特別感
特別なものには興味をかき立てられる。「祭日特価」は聞き慣れない、何か特別な響きがある。イトーヨーカドーの戦略には、さりげない響きを感じさせるものがある。A2判の大型サイズに商品がたったの14点。その日限りの祭日特価なら、きっと何かある。行ってみたい気が起きる。
提供＝イトーヨーカドー

3　興味を持たせるためには

あなたが作ったチラシに、目を止めてくれた人がいたとしよう。たぶん、アイキャッチかキャッチコピーが良かったのだろう。その人は、明らかに興味を示している。この段階では「おやっ」という程度かもしれない。そこで、あなたは、もっと強い興味を持ってもらいたいという思いがある。

せっかく目を止めてくれた人にさらに強い興味を持たせるためには、内容の魅力と楽しいと感じるデザインが必要である。ここで、間違いが起こることがある。それは、魅力を持たせるために内容を誇張したり、虚偽に走ったりすることである。

デザイナーの仕事は、内容を誇張することなく、真実の内容をいかに伝えるか、そしていかに行動（足を運ぶ）を起こさせるか、という2点に集約される。要は、相手の利益になるデザインをすることにある。

◆買い物の心理

●心理的な分析

購買意欲 強い ↑

1	前々から欲しかった	以前買ったものが壊れた、古くなった。あるいはそろそろ新しいものが欲しくなった。 効果的なメディア／雑誌、カタログ
2	現在もっとも興味がある	雑誌やCMを見ていて興味があり購入。 効果的なメディア／雑誌、新聞、CM、車内吊り
3	衝動的に欲しかった	商品を見ていたら急に欲しくなり、あまり深く考えずに購入。 効果的なメディア／店頭チラシ、ディスプレイ、現物
4	潜在的欲求	目的はないがいいものがないかと探す。 効果的なメディア／カタログ、チラシ、ネットショッピング
5	周囲の人が持っているので	友人が持っている、隣人が買ったということがきっかけとなって購入。 効果的なメディア／現物
6	何となく	別に欲しくはないが、理由もなく買う。買うことが楽しい。 効果的なメディア／POP

↓ 購買意欲 弱い

□ アイドマの法則 □
AIDMA's rule

セント・エルモ・ルイスが1898年にAIDAの法則を発表したが、それに後世手を入れてAIDMAとした。
Aはattention（注意）、Iはinterest（興味）、Dはdesire（欲望）、Mはmemory（記憶）、最後のAはaction（行動）である。
広告の作り方を示している。目を引き付け、興味を持たせ、次に欲しがらせ、印象付ければ、買うという行動を起こさせる。
最近ではMの代わりとしてC（conviction）を入れることもある。Cは確信を意味している。しかし、AIDMAやAIDCAの意図通りに人の心理は動かないことも多々ある。そこで、好感を持ってもらうというimpressionを加える方が実際的である。

●伝統の重みは心を引き寄せる
成熟して重みのある配色。伝統を感じさせるコピー。そして今話題のニンニク。さらにサントリーとブランドが拍車をかける。これだけ揃えば、このチラシは手にされて当然と言える。若い女性でも、引き付けられる。裏面のていねいな説明も自然に読んでしまう。
提供＝サントリー（株）

相手の利益、つまり相手が得するデザインとは、どんなものだろう。それには、5点のモデルがある。チラシに書かれてあることを見る人が実行（買うとか参加する）した場合に感じて欲しいことである。

実行すると幸せを感じる、健康になる、精神的に元気になる、自分が変われる、充実感が味わえる、この5点であり、どれでもいいから1点感じてもらえればよい。人はいつもその5つのことを考えている。幸せには、楽しいとか、嬉しいも含まれる。きれいになりたい、やせたい、健康でいたい、人はそのために何らかの努力をしている。そして気にしている。その気持ちに触れるような内容であれば、興味を持つのは当然の流れである。

だからこそ、相手をだますようなことはしてはいけないのである。いたずらに好奇心をあおったり、弱みにつけ込むのは、正しいことではない。心のある商品情報やイベント情報は興味を喚起するということである。

◆購入する根拠

項目	理由	反対意見
ブランド	メーカー、ブランドは信用できる。	宣伝料と名前料が価格になっている。
価格	どの品質も同じなら安いものがいい。	余分なものを買ってしまうことも。
機能	機能と品質はすべてに優先する。	生活空間にマッチしないこともある。
デザイン	自分の生活をコーディネートするため。	外観で買うと飽きることがある。
推薦	人から勧められたので。	誰にでも合うとは限らない。
サービス	電話サポート、アフターフォローが充実している。	その電話サポートがなかなか通じない。
景品	付いている景品がもらえる。	不必要なものを買ってしまうことも。

□ブランド戦略□
brand strategy

ブランドとはユーザーや顧客にとって「心の映像」である。
たとえば、機能も価格も同じ商品が並んでいたとしたら、それぞれのメーカーから心に浮かぶ映像は違う、と考えられる。そこに自分のイメージを投影し、自分なりの価値観で選択する。その結果、最終的にブランドで選び対価を払うことになる。
ブランドの中身とは、
・属性の特徴（製品、サービス、事業、エリア、ターゲットなどが持つそれぞれの属性のこと）
・ベネフィットの効果（機能的な利益、心理的効果、自己表現におけるメリット）
・パーソナリティのこだわり（ブランドが持つステータス、人格的特徴）
・ブランドへの価値観（高価なイメージの獲得）
・ブランドへの満足度（持つことによる充足感）などがある。
これらを戦略的にデザインすることで、企業戦略に役立てようとするのが、ブランド戦略である。

3／チラシデザインの発想法
2.アイディアの出し方

●沢山の得があれば

このチラシは得意先に郵送された。右の赤い縦線のところから観音開きで開く形式になっている。お年玉としての特典が4つ企画されている。しかも特売である。店の意欲が感じられる内容になっている。このチラシを片手に、出掛けていく人はかなり多い。

提供＝マツモトデンキ

4　行動させるためには

受け取る人の立場で作られたチラシは、理解を得ることができる。理解してもらえれば、それは好感に変わる。好感を持つと人は行動に移る。

では前述した、相手が得をする5点のモデルを支えるものは何か。得をすることの一つに、安価ということもある。しかし、競合する店も同じ価格ならどうだろう。そんな時、人は好感を持った店に行く。そこにはサービスの良さも影響する。

また、客に与えられる特典もある。それがたとえ先着何名という限定されたものであっても、誠意が感じられれば客は行動する。もちろん、そこに楽しいイベントが組まれていれば、行く人の数も増す。客を迎える誠意のこもった態度、それをサービスというが、サービスは店だけが持つ精神ではなく、デザイナーもまたサービス精神が必要なのである。

◆行動原理

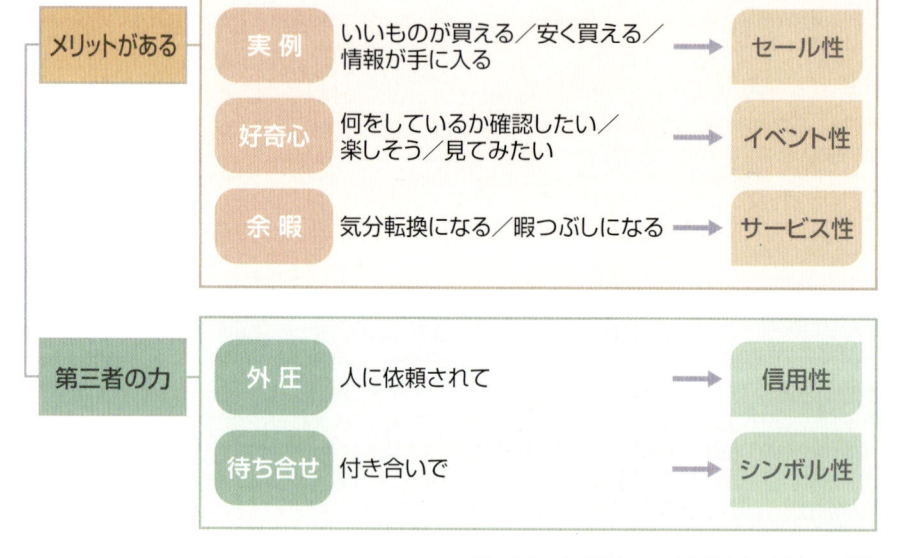

メリットがある	実例	いいものが買える／安く買える／情報が手に入る	→	セール性
	好奇心	何をしているか確認したい／楽しそう／見てみたい	→	イベント性
	余暇	気分転換になる／暇つぶしになる	→	サービス性
第三者の力	外圧	人に依頼されて	→	信用性
	待ち合せ	付き合いで	→	シンボル性

買い物という行動を起こす原因となる要素には「得をする＝メリットがある」と「第三者から働き掛け」(頼まれる、そこで待ち合わせようなど)の2つがある。前者は「安いから」「何かやってそう」「気晴らしに」という理由がある。後者は「人が頼むぐらいだから良いものかも」「あそこなら誰でも知っている」という理由につながる。

□モチベーション□
motivation

何かをする際の動機付けのこと。チラシの目的は、それによって欲望を刺激し、購買意欲を起こさせることである。
デザインはその商品もしくはイベントの魅力を見る人に伝え、その人の心の中に衝撃を与え、行動への機動力を生み出そうとするものである。
あくまでも、その魅力は商品から来るものでなくてはならない。必要でないものを買わせるとか、安く見せかけて売るということは、動機付けというより、詐欺に近い。やる気は、人をプラスの方向に導く重要なものである。それは心の内部からわき上がって来る。そのわき上がるきっかけを与えるものがモチベーションである。

大小の犬の対比により、大きい犬には多くの食べ物の必要性を強調。どんどん食べても負担にならないスナックのサービスを知らせている。提供＝Mars,Inc.

●楽しさを作る

ハンバーグレストランのびっくりドンキーはボリュームがウリの店。若い男性に人気がある。左側に男性向けにハンバーグ類、右側に女性が喜ぶパフェを配置している。これによってカップルが楽しみにやってくる。パフェの方も大きくしたのは、女性に「行こう」と言わせるねらいがある。
提供＝びっくりドンキー

5 喜ばせるためには

そのチラシによって、買い物をした時、客が「いい買い物をした」と思ってくれたとしたら、そのチラシは価値ある効果を発揮したことになる。

客の満足を得ること、それは商売の原則であり、不変のことである。激しいビジネスを勝ち抜くのに、目先の新しい理論や見せかけのサービスは不必要。流行っている店を見れば、それは一瞬で理解できる。マニュアル化された笑顔よりも、相手に喜んでもらおうとする笑顔が、昔も今も人の心を捉えている。

では、なぜ見せかけのサービスやデザインではいけないのか。それは明日につながらないからである。相手を喜ばせるということには、相手からの信頼を得るということである。チラシにあることを信じて、得をしたと思った時、その店に対する信用は高まり、次も行こうと思ってもらえるのである。

◆満足した理由

安く買えた	他よりも安く買えた
いいものが手に入った	品質やデザインがいいものが手に入った
欲しかったもの	欲しかったものが手に入った
選べて買えた	種々の商品を比較して買えた
楽しかった	いろいろな商品が見れてよかった
得をした	試供品、ポイント、割引券が手に入った

◆チラシがねらう効果

喜 び	満 足	感 動
安く買えた	いいものが買えた	サービスが良かった

チラシがねらう効果は、いかに喜びを予見させられるかにある。

□訴求ポイント□
appeal point

もっとも大きいアピールポイントである。大切なことは、何を伝えるか、という問いを常に発していなければならない、ということである。

そのデザインで、メインに持ってくるもの、あるいはセールスポイントを強調することによって訴求力を増していく。

セールスポイントと訴求ポイントはよく似ている。セールスポイントはウリの部分であり、ビジネス的である。訴求ポイントは人にメッセージする場合の形に近い。

つまり、ビジュアル的に表現するという時の、中心になる問題である。しっかり抑えておかないと、メッセージがぼけたチラシになってしまう。

3／チラシデザインの発想法

2.アイディアの出し方

SPORTSPLEX スポーツプレックスたまプラーザ
メディカルフィットネスセンター

スポーツプレックスたまプラーザは、スポーツプレックス・ジャパングループです。

Swimming Pool, Studio, Machine Gym, Golf Range, Pro Shop, Jaccuzi, Bath, Sauna, and more! This is the fitness club you have been looking for! Spend a relaxing-time in this comfortable space. Enjoy the detailed and personalized care. Here you will find the ideal space for the refined.

カラダは調和を求めている

バランス。

快適な毎日を過ごすには、運動・栄養・休養のバランスが大切です。
しなやかで心地良い、いつもフレッシュな気分でいるために。
カラダもココロも喜ぶボディケアを、スポーツプレックスで。

実施中
お得なキャンペーン
今なら

誘いあえばとってもお得！
同時入会なら、入会金は
みんなまとめて一人分！

1 入会金 **50% OFF**
さらに
2 先着 **50名様限定** 同時入会ならお得！
入会金はみんなまとめて一人分！
3 スポーツプレックスだけの イントロダクション・パッケージ
①メディカルチェックアンケート
②医科学検査
③フィットネスチェック
④個別トレーニングプログラム作成
安静心電図
血液検査
胸部レントゲン
無料

バランスのとれた体は文句なしに魅力である。さわやかな配色。理由は不要の説得力がある。提供＝スポーツプレックス・ジャパン

3／チラシデザインの発想法

3 デザインエレメント

　デザインの戦略が決まり、それを実際の形にすることを表現制作とかクリエイティブワークと呼んでいる。チラシを構成しているのは、複数の構成エレメントであり、それをデザインエレメントと言っている。

　そのエレメントは、大きく分けて文字と絵(写真を含む)の2つがある。絵はさらに、点、線、形、空間という要素に分けられる。それと、それらを乗せている基底材、つまり紙もまたエレメントである。

　実際にはエレメントの一つ一つは、それぞれに意味や機能を持っているが、そのことに触れるのは本書の目的ではないので、ベーシックデザインの平面構成(拙著「視覚表現」を参照)を参考にして欲しい。

　デザイナーはこれらのエレメントを使い、一枚のチラシを制作する。たとえば文字なら、どんな書体と色で、どのくらいのサイズで、そしてどこに置くかを決めていく。そこにレイアウトのノウハウが生かされる。

◆チラシを構成するデザインエレメント

①形(写真)
写真はイメージを確実に伝えるための重要なエレメントである。ここでは、ある形の中に入れる角版としての使い方がされている。

②文字
文字はコピーを形成するもの。相手に的確なメッセージを伝える。この文字は太く目立っており、人の目を捉えるキャッチコピーと呼ばれている。

③線
線の役割は、その部分をまとめたり、周囲と区別したり、強調したりするのに使われる。印刷物で使われる線は特に罫線と呼ばれている。

④紙
紙は印刷する際の基底材である。紙がなければ表現することは不可能。このチラシの紙は再生紙といわれている。マット状の落ち着いた発色になる。

提供＝ヤマハ音楽教室
(財)ヤマハ音楽振興会

⑤点
点は一般的には強調や接続、区切りに使われる。このように絵として使う場合もある。ここでは、リズムとしての効果が使われている。

⑥形(絵)
形として代表的なものに絵がある。アイキャッチャーとしてのものと、雰囲気を作るためのカットがある。ここではキャラクターが使われている。

⑦空間
何もない空間はホワイトスペースと呼ばれている。ホワイトスペースがあることによって余裕が生まれる。いかに計画的に作るかがポイントである。

⑧色
配色はイメージを作る上で重要である。ここでは暖色系のピュアな色が使われており、温かいイメージになっている。黄色は朗らかさを表現している。

□表現制作□
creative work

　デザインの作業には、企画と表現の2種がある。表現に関するものを表現制作、あるいはクリエイティブワークと呼んでいる。この制作には、コンセプトをビジュアルにするための人材が集められている。
　コピーライター、イラストレーター、カメラマン、CGデザイナー、グラフィックデザイナーと呼ばれる人たちが、この制作を担当する。
　企画の段階では、イメージであったものが、この段階で具体的な形を描き出す。描き出すために、各種デザインエレメントを駆使してデザインしていく。
　次に続く印刷という工程につなげるための材料を作るのが、目的になっている。

●慣れているものに目が行く

雑踏の中に知っている人がいても、すぐに気が付く。車内吊りは見慣れている。多くの折り込みの中にあってもすぐに目が行く。文字ばかりでデザインされたこのチラシの誘引力はそれである。すべてのコピーがゴシックでシャープさが出ている中で、ロゴだけがやさしい効果を発揮している。
提供=メガネの愛眼

3／チラシデザインの発想法

3．デザインエレメント

1 文字

　チラシにおける文字の効果は抜群である。文字が持っている伝達性は、チラシを作る側のメッセージを確実に相手に伝えるために欠かせない。文字だけでも十分メッセージを伝えられるため、文字だけのチラシも多く作られている。

　文字の機能を考える時、その歴史を見てみるとよく理解できる。文字はかつては絵であった。その絵が頻繁に使用されるのに従い、記号化（ピクトグラム）され、その使い方のルール、すなわち文法が生まれた。文法を持つピクトグラムを象形文字というが、この象形文字が、現在の文字の基礎になっている。

　アルファベットも漢字も、元をただせば象形文字に行き当たる。古代エジプトの象形文字は、ものそのものより、ものの象徴的な意味を伝えるものであった。たとえば鷲は王者の意味だったし、目は全てを見ている神であった。写実を元にして発達した文字は、どこかにその面影を残している。

　大勢の人に文字を理解させるには、普及（教育）が必要であり、そのためには大量に文字が書かれているものを製作しなければならなかった。そのために必要だったのが、紙と印刷技術である。大量に印刷するには、活字が必要になり、活字ができると文字は、ある大きさの中に納められるようになる。

　このときに文字をバランスよく組む技術が発達し始めた。これが、タイポグラフィーと言われるものである。このタイポグラフィーが発達する中で、種々の書体が開発されたのである。読みやすい筆記具の特徴を生かした明朝。強めに読ませるためのゴシック。これらをさらに発展させ、現在見られるような書体ができあがった。文字には意味とは別にそうした雰囲気がある。それらを知った上で文字を使うことが大切だと思う。文字組みの美しさには、長い歴史が刻まれているのである。

◆イメージチャートによる書体の分類

未来（シンプル）

じゅん501	じゅん34	じゅん101
スーラPlus-EB	スーラPlus-B	スーラPlus-M
	太ゴB101	中ゴシックBBB
ゴシックMB101U	ゴシックMB101B	
新ゴU	新ゴB	新ゴL
ロダンPlus-UB	ロダンPlus-B	ロダンPlus-L
マティスPlus-UB	マティスPlus-B	マティスPlus-M
リュウミンU-KL	リュウミンB-KL	リュウミンL-KL
見出しミンMA31		太ミンA101
	新正楷書CBSK1	
教科書ICA M	教科書ICA R	教科書ICA L

強 ←→ 弱

過去（デコラティブ）

時間軸
エネルギー軸

この表は書体のイメージを分かりやすく分類したものである。
書体を選ぶ際に、その書体の持つイメージも考慮することが大切である。

□フォント□
font

デジタルで使われる書体のこと。かつて書体は、サイズの決まっている活字体を指し、フォントはコンピュータで使われるサイズが自由に変えられるものを指した。しかし、現在では、ほとんどの文字の処理がコンピュータで行われるようになり、活字体（写植など）が現場から姿を消しつつあるので、フォントと書体が同じ意味として使われるようになった。
フォントはデザインのコンセプトに基づいて選ばれている。単にかっこいいからでは、まず読みやすいデザインはできない。文字もまた、デザインエレメントであるから、全体のバランスの上に立っている。
フォントには見出し用と本文用がある。見出し用フォントを本文で使っていけないことはないが、読みづらい。見る人が読みづらいのは、ユーザビリティのないデザインということになる。
文字の歴史は古い。その中で培われてきた書体。それは、現時点で美しい輝きを放っている。歴史のあるフォントを使うのであるから、ていねいな扱いをしたい。

3／チラシデザインの発想法

3. デザインエレメント

●人目を引くコピー

キャッチコピーは耳慣れない言葉が力を発揮する。「割引鑑定士」など存在するはずがない。「何?」と思わせるのはコピーの持つ力である。auの戦略のうまさは、携帯電話のサービスの比較が難しい部分を親しみやすい文体で説明しているところだ。いかに他社との差を見せるかは、メディアの中ではチラシが適している。
提供＝KDDI（株）

◆ヘッドコピーとボディコピー

復活
待ちに待ったあの名品が!! ─── ヘッドコピー
60年代の食卓を飾ったトースターが還ってきた。 ─── サブヘッド

60年代の人気トースターが、当時のデザインのまま復活しました。人間を感じるやさしい曲線、ふくよかな側面は家族であることを主張するかのようです。
すべて手動による手間のかかるトースターこそ、あわただしい生活の中で、人間であることを思い出させてくれる心憎い思いやりです。

5月10日全国有名デパート家電専門店にて発売。
価格：オープン価格／お問い合わせ：0120-000-000
太陽電気株式会社

─── ボディコピー

□タイポグラフィ□
typography

元々は活版全体を指していたが、現在はデザインにおける文字の視覚的な効果やイメージ全体の総称として使われている。タイポグラフィはデザインエレメントの中でも重要なものの一つである。かつては印刷とメディアが中心であったが、今やデジタルに関するあらゆる分野で展開されている。主に文字の形とそれが組まれた時のデザイン効果がデザインの中心テーマになっている。和文は欧文と違い、立て組もあり、複雑な要素が含まれている。
一見、雰囲気が似ているような書体でも、その時代を映し出している。
ハーブ・ルバーリン（アメリカ）以後、タイポグラフィーはそれだけで美的効果を発揮するエレメントとして目覚ましい発展を遂げてきた。
タイポグラフィはグラフィックデザイナーには最低不可欠の技術であるが、それだけを専門に扱う人を、タイポグラファーと呼んでいる。

●キャッチコピー用書体

待ちに待ったあの名品が!!
●新ゴシックB
もっとも多くのチラシのキャッチコピーに使われている。力強いのが特徴である。

待ちに待ったあの名品が!!
●ゴシックMB101
細身だが角度に癖があり、それによって目が引き付けられてしまう。

待ちに待ったあの名品が!!
●リュウミンU-KL
明朝体はゴシック体よりも目立たない。しかし、品格が必要な時には効果がある。

●読みやすくする方法

待ちに待ったあの名品が!!
文字は時に来る色との関係が非常に重要だ。コントラストがありすぎても読みづらい。ほどよい地色が可読性を高める。

待ちに待ったあの名品が!!
目立たせたい時には、地色とのコントラストを増すことが効果的だ。明度差のあるものは視認性を高める。

待ちに待ったあの名品が!!
文字の見え方は、太さに関係する。細い文字は色味が少なくなるが、太い字は色味が増す分、可読性が増す。

待ちに待ったあの名品が!!
文字と地色の色味が近い時は、読みやすさが低下する。袋文字のように色をセパレートすることで明快にすることができる。

待ちに待ったあの名品が!!
地色が暗い時は、コントラストの大きい色（ここでは白）を使えば、サイズが小さくても可読性は増す。

3. デザインエレメント

●注意を喚起する言葉とは
このチラシのポイントは2つある。一つは画面いっぱいの個性的なイラスト。もう一つは、かわいらしい雰囲気の中で、鋭く注意を呼ぶコピー。「見抜く、断わる！悪質商法」の下に赤のアンダーラインを入れて強調している。覚えやすい語呂のよさが、このチラシを効果的なものにしている。
提供＝東京都消費生活総合センター

◆キャッチコピーを作るための語句一覧

●新鮮さを強調する
とれたて　直送　新発売　新たな　新鮮　生鮮　スタート　始まる　初めて
みずみずしい　新作　発見　登場　NEW　OPEN　フレッシュ　新発想　新生活
新社会人　新入　もぎたて　誕生　最新　美味しい　一番　新型　彩る

●期待感を感じさせる
きっと見つかる　わくわく　ドキドキ　いよいよ　待ちに待った　お待たせ
まるごと　No.1　とびっきり　咲く　わっしょい　笑顔の　どっさり　準備

●緊迫感を作る
限定　売り切れ　今日だけ　最後の　ラストチャンス　決算　大処分　処理
年に一度の　第二弾　日替わり　挑戦　今　見逃せない　号外　どこより

●季節に同調する
新春　初売り　お正月　初市　最初の　年賀
早春　春爛漫　春の　春彼岸　ひなまつり　春風　春一番　満開　連休
GW　風薫る　行楽　梅雨明け
夏の　夏物　盛夏　お盆　夏本番　涼しさ直行　納涼　暑さ真っ盛り
夏休み大特集　スタミナ
秋の　初秋　秋色　紅葉　食欲　味覚　実り　熟成　収穫　美味さ
冬の　厳冬　あったか　防寒　寒さ本番　クリスマス
サンタクロース　プレゼントに　GIFT　歳末
年末　師走　本年最後の　年末年始　年の暮れ　年始準備　新年直前　おせち料理

●高揚感を持たせる
衝撃　緊急　爆発　大(特売)　超(特売)　特価　破格　驚異　豪華　速報
堂々　満載　全力　放出　全く　スペシャル　充実　誇る　絶好調　全品
満喫　感動　夢の　廉売　目玉　一掃　全開　厳選　特選　ウルトラ　ビッグ
人気の　魅力の　話題の　総力　圧倒的な　廉価　大集合　反撃　破壊
讃歌　強烈　ジャンボ

●イベント性を出す
生鮮祭　感謝祭　食品祭　大創業祭　特選祭　(処分)フェア　大還元祭
バーゲンセール　バザール　物産展　(食品)博　(朝)市　恒例　開催　棚卸し

●サポート的意味を持たせる
応援します　支えます　サポート　大奉仕　保証　始めよう　ていねい

●記念的
創立　設立　周年　記念　宣言

●メリットを強調する
お買い得　あなただけに　ご優待　ご招待　もれなく　安心　実績　わずか○○円
割引　お得な　便利　プレゼント　特典　安い　サービス　激安　先取り

●提案型
してみませんか？　○○の提案　手に入れよう　○○はしていますか？　提供　これからの

キャッチコピー用語句は、コンセプトによって選択し、組み合わせることによって、インパクトのあるものになる。また、適宜、季節ごとの言葉を混ぜたり、時事用語を加えたりして工夫するとよい。

◇課題2◇
自分のためのキャッチコピーを作る

[条件]
①人の心を捉えるコピーを作る
②自己PR用のチラシを想定
　・この自己PRは次の用途で制作する
　a.就職用　b.サークル入会用
　c.友人向け
　以上の3点を制作
③自分のウリは何かをしっかり考えて制作
④仕上げはコンピュータでゴシック体70ポイントで
⑤A4のケント紙(P6のフォーマットを確認)を使用

a………………………
b………………………
c………………………

⑥使用画材は文字部分はパソコン仕上げ、製図ペン、定規
⑦制作時間は3時間

[制作上の注意]
①自分の特徴をよく考える
②用途(ターゲット)を分析する
③使用する色は黒1色
④できれば原稿用紙でコピーを出して欲しい

3/チラシデザインの発想法
3.デザインエレメント

●ギャグが生きてくる

文字の大きさから言えば「青森・三沢・八戸への出張に。」の方がはるかに大きい。しかし、大き過ぎると文字は装飾化しイラストの一部になる。このチラシで目立つのは「あの手より、はやて。」であり、ダジャレの持つユーモアが素晴らしい効果を上げている。あの手の飛行機が焦っている。
提供＝JR東日本／（株）ケイエヌ・プランニング

◆コピーの作り方

1	分かりやすい	明快な文字	何が言いたいかはっきりしている。可能な限り、あいまいな言い回しは避ける。
2	テンポが良い	語呂がいい	口にした時、調子の良さ。つい読んでしまうようなリズムの良さを持たせる。
3	流行を意識	新鮮な感覚	適度に流行を取り入れる。常に今風の言い方を取り入れる。特に若者向けの時は。
4	ギャグ的	造語の面白味	ユーモアとサービス精神で。読んでいて微笑するような軽いギャグを入れる。
5	印象的	記憶に残るインパクト	特に末尾の締めくくり方。簡潔で力強い文章が基本だが、末尾に何を入れるかでイメージは変わる。

コピーを作る時、上記のポイントを2つ以上の組み合わせで、テーマに適したものにしていく。

□造語□
coinage

別々の言葉を複合させて新しい言葉をつくること。既成の語句にふさわしいものがない場合や、これまでにないイメージを作りたい場合に造語が行われる。
造語の仕方は、欧文を使ってのものが圧倒的に多いが、和文でも行われる。ほとんどの場合、意味から入って、語呂のいい語句を探し出す。
ブリジストンは石と橋。創業者の「石橋」という名前からきている。SONYは「息子（太陽の子）」という意味からきている。
シャレからきているものもある。サントリーは創業者の「鳥居さん」を入れ換えたと言われている。「さん鳥居」がサントリーになったが、サンには太陽、日の丸などの意味も持っている。
意味がなくまったくの語呂で作られたのがコダックである。発音しやすく、印象的な言葉の響きを考えて作られている。
造語は新しい名前であるが、認知されることによって、一般名称に近いものになる。つまり、そのネーミングが定着するよう努力を必要とする。
コピーでは、ダジャレがよく使われる。一見、軽薄に聞こえるが、いつのまにか親しみに変わっていく。このように、造語の精神は親しみとユーモアと言うことができるのである。

●コピーの作り方

チラシは本来、読ませるためのメディアである。手にとってじっくり読んでもらえるということが目的になっている。それだけに、そこに用いられるコピーは、読んでくれる人を十分意識したものにする必要がある。
キャッチコピー（見出し）とボディコピー（本文）は目的が違うので、作り方が異なるが、共通していることも多い。大切なことは、分かりやすいということである。簡潔で読んで、「何を」を伝えようとしているかが即理解できることが望ましい。次にテンポの良さ。これは、歯切れの良さとか語呂の良さとも言う。読んでいて気持ち良く読める。選ぶ言葉に無駄がないコピーである。
内容は特別、奇をてらう必要はない。ただし、新鮮な雰囲気というか明るくなるプラス志向のコピーがいい。あいまいさのない、具体的なコピーが好まれる。

3／チラシデザインの発想法

3.デザインエレメント

●雰囲気を作るのは
「ゴロヴリョフ家の人々」を知らない人がこのチラシを見て、芝居の魅力を感じることができる。それはイラストの強さであり、写真では出せない魅力である。黄の地色とのバランスが絶妙で、イラストが生きている。アートディレクションの高いレベルがうかがえる。
提供＝新国立劇場／㈱パワートレイン

2 イラストレーション

　イラストレーションの持つ力は、文字と並んで大きいものがある。文字だけのチラシとほんの少しでも絵が入っているチラシを比べてみれば、その効果の大きさが分かる。絵が入っているチラシにはゆとりがあり、安心して接することができる。

　イラストレーションは3通りの使い方がされている。アイキャッチャーとして使われるものと雰囲気を出すためのカットとして使われるもの、そして地紋のように使われる。地紋のようにというのは、文字や写真の背景に薄く入れた、あまり目立たないものである。

　それぞれによって目的が違うので、機能の仕方が異なる。文字通りアイキャッチャーは人の目を捉えるためのもの、カットは飾りに近いが内容を補うためのもの、地紋は全体の雰囲気を作るためのものである。

　イラストレーションは写真では出せない効果が出せる。まず、人の手によって描かれたということで、親近感を感じさせることができる。手描きであってもデジタルであってもそれは同じである。特に手描きの場合は、絵具が持つ材質からくるインパクトが大きい。

　次に、現実にはない情景やものを描くことができるので、夢を感じさせたい場合などに有効である。特にキャラクターを入れたものは、そのキャラクターが持つ雰囲気が大きく影響する。それがあることによって、親密な雰囲気が出せて、好感を得ることができる。

　もう一つには、写真以上にリアルなメッセージができる場合がある。写真では一つの情景になってしまうため、細部を細かく見たい場合に意外にはっきりしないことがある。そのような部分をイラストレーションで描くと明快になる。

　文字だけに頼るのではなく、絵を有効に使うこともデザイナーの仕事であり、絵をよく知っていることが大切である。

イラストが持っている特徴を前面に出して、人の目を捉えると同時にイメージを伝えるものをアイキャッチャーと言う。独特の雰囲気が適している。

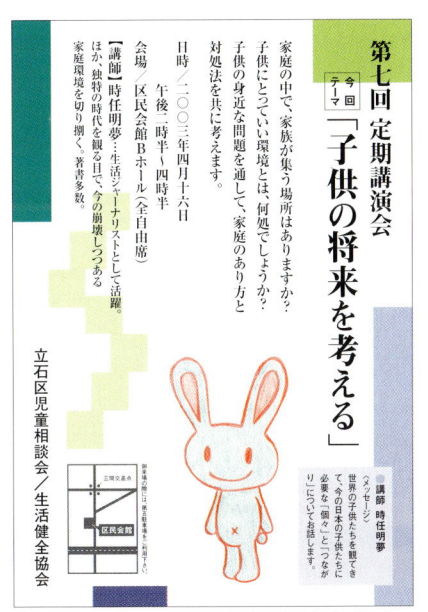

全体が硬い感じになりそうな時、雰囲気を盛り立てるのに小さなイラストを使う。これをカットと呼んでいる。カットは画面をソフトにする力がある。

illustration:Navidnia Nostrat

□著作権□
copyright

知的財産権の一つである。著作者には著作物を排他的・独占的に利用できる権利があるとするもの。著作権の種類は著作物の複製・上演・演奏・口述・展示・翻訳など創作されたものを元にしている場合に、それ相当の著作料が発生する。著作権は現在のところ著作者の死後も一定期間存続する。

日本では著作権法が、著作権の保護を目的とする法律として1899年（明治32）制定され、早くから法的な保護が実施された。1970年全面改正が行われたが、世界的な傾向として、期間を延長することが検討されている反面、著作権に対する考え方に疑問も出ている。

著作権には著作者人格権もあり、著作物に対する著作者が持っている人格を守る権利を守る法律もある。著作権法上の公表権、氏名表示権、同一性保持権がそれに該当する。そのほか、著作隣接権というものもある。実演者やレコード製作者、放送事業者および有線放送事業者についても、著作権類似の権利があるとされている。

3／チラシデザインの発想法

3．デザインエレメント

●形が持つ意味を
道具の形が持つ雰囲気を、人に当てはめたこのアイディアはユニークである。配色は「ひなびた」のイメージカラーになっているが、シャープと固さを対比させてシンプルな中にユーモアが感じられる。誇張のなさが、親しみを呼び、行きたいという気持ちを起こさせている。
提供＝㈱オフィスPSC

●イラストレーションの描き方
　イラストレーションはイラストレーターの仕事である。テーマとコンセプトを説明し、大まかな雰囲気を伝えて、制作を依頼する。イラストレーターはそれぞれ得意ジャンルと表現テクニックを持っているので、コンセプトにふさわしい人に仕事を依頼することになる。そのためデザイナーは、多くのイラスト作品を日頃からチェックし、仕事の内容によって依頼できるようにしておく。

　自分で描く場合は、決していきなり描こうとせず、作品集や図鑑などを参考にし、そこから発展させて描くようにする。たとえ、腕に自信があっても見る人の立場に立ち、伝えたいイメージを忠実に表現するようにする。独りよがりにならないことが基本である。
　手描きの場合もデジタル仕上げの場合も、最初は鉛筆でイメージをまとめた方がよい。サムネール作りは基本中の基本と言える。

◆自分でモチーフから描く

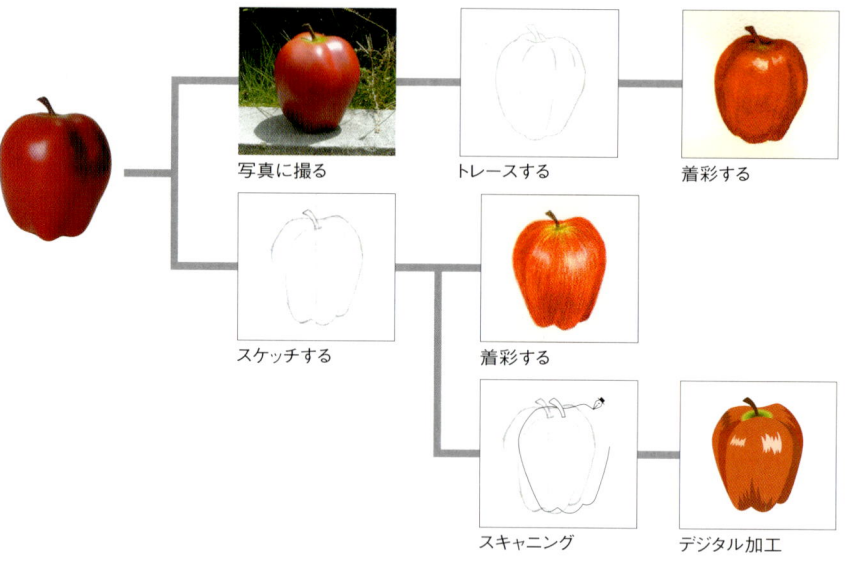

写真に撮る　トレースする　着彩する

スケッチする　着彩する

スケッチする　スキャニング　デジタル加工

□トレースダウン□
trace down

原画をトレース（写し取ること）したものを、別の基底材に転写すること。一般的にトレースダウンは、トレーシングペーパーを使うものである。原画の上にトレーシングペーパーを置き、薄く写る輪郭を頼りに、鉛筆で形を取っていく。形を写し取ったら、そのトレーシングペーパーを裏返して、線の見える所を濃い鉛筆で塗っていく。別の基底材（画用紙など）を用意して、鉛筆を塗った面を基底材に合わせる。トレーシングペーパーの表にある先に描いた形の輪郭線に沿って、よく削った鉛筆でなぞっていく。
なぞり終えてトレーシングペーパーをはがすと、基底材に同じ形がトレースダウンできている。この他のやり方では、裏に鉛筆で塗らず、カーボン紙を間に挟んで行うこともできる。
コピー機を使う方法もある。写真などを任意の倍率でコピーした用紙でトレースダウンしてもよい。

手による着彩
手によるイラストは描いた人の人間性が表われてくる。それだけインパクトも強くなる。画材の味は存在感もある。

デジタルによる制作
デジタルによるイラストは、色の変更とかサイズの変更が簡単にできる。保存や送付も容易なので扱いやすい。　1〜4 illustration:Navidnia Nostrat

3.デザインエレメント

●人が伝わる

イラストは人が描いている。当たり前だが人の息づかいが聞こえてくる。それが表現に大きな影響を与える。このチラシは「家庭的な」のイメージカラーによって配色されている。コピーの持つ意味と絵が融合して、家庭におけるマネープランの重要性をメッセージしている。

提供＝UFJ銀行

◆イラストの使用法

イラストソース	採用方法	採用上の注意
■イラストレーターに依頼する 	・使用目的と、欲しいイメージを伝える ・使用するサイズと納期を指示する	・イラストレーターはホームページなどで検索できる ・費用はイラストレーターによって差がある
■カット集から探す 	・カット集を購入する ・イメージに合ったカットやイラストを探す	・カット集のイラストはそのまま印刷原稿として使用できる ・そのまま使用せずに、スキャニングしたものを加工して使うこともできる ・使用に際してのライセンス料はない
■素材CD-ROMから探す 	・素材CD-ROMを購入する ・パソコンで画像を探す ・サイズに合わせて使用する	・素材CD-ROMはパソコン店等にある ・使用するには有効な解像度であるかどうかを確認する ・加工に使用できる ・ライセンスフリーものが多い
■Webより求める 	・素材のサイトよりイメージに合ったものを探す ・適しているものがあれば、ダウンロードして使用する	・ライセンスフリーのものと有料なものがあるので注意 ・Web用のものは解像度が低すぎるので注意する

・扱う大きさによって、その効果は異なる。アイキャッチとして使うのか、単なるカットとして使うのか、をあらかじめ決めておくことが必要だ

illustration : Navidnia Nostrat

◇課題3◇
四季を表すアイキャッチ用イラストを描く

［条件］
①春夏秋冬をそれぞれ仕上げる
②キャッチコピーの横に置くと想定する
③それぞれの季節を代表するものをモチーフにする
④A4サイズのチラシに使用する
⑤A4のケント紙(P6のフォーマットを確認)にそれぞれの季節を描くので合計4枚になる
⑥使用画材はマーカー、色鉛筆
⑦制作時間は6時間

［制作上の注意］
①季節にふさわしいモチーフ
②キャラクター的になるのは可

3.デザインエレメント

●シズル感とは

食べ物の新鮮さをできるだけリアルに伝えたい。生な感じをより強調することでおいしさが確実に伝わる。この材質表現をシズル感の表現と言う。「中トロ祭」と聞いただけでも食欲が出る。それに輪をかけるシズル感。言葉はいらない。写真の強みをフルに使ったチラシである。
提供＝藍屋

3 写真

●写真にする理由

写真にするもっとも大きな理由は、リアル感が出せることである。リアルなものには、嘘がないという意識があり、信頼性を高める効果を持っている。このことから、できる限り写真で表現した方がいいもの、例えばレストランの料理などは、イラストレーションでは出せないものが数多くある。

美味しいものは、美味しいイメージを可能な限り再現した方がいい。それをシズル感と呼んでいる。野菜の艶、肉の新鮮な輝き、ほとばしる水のしぶき、それらが表現できれば見る人に素晴らしい臨場感を伝えることができる。美味しそうなものがまずそうに見えたら、食欲は起きない。

カメラマンはシズル感をどう出すかで苦心している。ある時は霧をかけたり、またある時は滴をプラスチックで作ったり、一枚の写真の裏側には、そうした努力の後が隠されているのである。

写真はそのものを伝えているように思われるが、多くの場合そのもののイメージを伝えている。例えば、粒子の粗い写真でも、人はそれを理解してしまう。さらに、よく分かっているもの、例えば人の写真などは、多少ぼけていてもその人を見分けることができる。それは、人の記憶が写真のかけている所を補う働きをするからである。

時と場合によっては、粒子が荒れていても十分効果を発揮する場合がある。2色刷り（P123を参照）の場合、元の色とは明らかに違う。それでも、人はそれを見て食欲を増したり、気持ちの良さを感じたりするのである。最近は特にシズル感一辺倒にはなっていない。

写真をそのまま使えない場合がある。余計なものが入っていたりするときには、パソコンで修正が行われる。その修正も今や、ないものを創造する技術と言われている。

□デジタルフォト□
digital photo

デジタルカメラによって撮影された写真のこと。デジタルフォトは、Web用に使うのに最適なツールとして普及してきた。プリンターで出力して、普通の写真としても楽しめるようになった。ただし、印刷に使うには解像度が低く、粒子が荒れてしまうので、適してはいなかった。

デジタルカメラのバージョンがかなりアップし、300万画素を越えるものも珍しくなくなった。高級なものだと600～1000万画素というものも、かなり安価になってきている。300万画素以上のものは、小さいサイズなら印刷にも使用できる。

デジタルフォトのメリットは何といっても、デジタル加工ができることである。不必要なものを除いたり、色味を変化させたり、合成したりということが容易にできる。そのため、これからはデジタルカメラによる写真も大いにチラシに使用されていくだろう。

◆写真の扱い例

デジタル　加工
アナログ　角版

●写真にする理由

メリット	1.現物を見せる 2.イメージを伝えやすい 3.説得力
デメリット	1.品質を下げることができない

3．デザインエレメント

●合成は新しいシーンの創造

写真の持つ力は、リアルにイメージを伝えるということである。しかし、そこにない世界も作ることができる。写真を合成したり加工して未知のシーンが作れる。これをコラージュと呼んでいる。このチラシの配色は「意外な」のイメージカラーになっている。不思議な魅力が現れている。
提供＝新宿ロフト

●写真の撮り方

写真は光と影によって形を伝える。撮影時の照明（ライティング）は極めて大切である。また、光の色によっても微妙に雰囲気が変化する。自然光でもそれは同じで、午前中の光と午後の光では色味が異なって写る。まず基本的には、光の性格を知っておくことが求められるのである。

写真にはフィルムを使うカメラとデジタルカメラがある。フィルムを使うカメラは、印画紙上で、微細な粒子によって画像が作られている。そのためかなり拡大しても粒子が荒れることがない。そこがデジタルカメラの弱点であった。

最近では1000万画素を超えるデジタルカメラも市販されるようになり、かなりのサイズの印刷物に対応できるようになってきた。もちろんホームページを作る時は、解像度が低くてもかまわないので、300万画素級のデジタルカメラで十分である。しかし、印刷物の場合は、画像の表現の方式が違うため拡大するようなものには適していない。小さいサイズの場合に限り、デジタルカメラを使用するとよい。デジタルカメラは画像処理や加工ができるため、今後さらに印刷物に適したデジタルカメラが開発されていくと思う。

チラシの写真を撮る場合、情感（雰囲気）を撮る場合と、そのものを撮る場合とがある。これはイラストレーションの描き方とほぼ一緒である。雰囲気が必要な場合には、その場の空気といったものも感じさせなければならない。しかし、そこに映し出されているものが細密である必要はなく、あくまでもイメージが伝わればいい。

そのもの（商品など）を撮る時は、変わったアングルで撮るよりも、普通の目線で見た状態を撮ることが基本である。そのものをじっくり見たい時に、アート性の強い撮り方をされると、人は物足りなさを感じてしまうからだ。

◆アングルを変えた撮り方

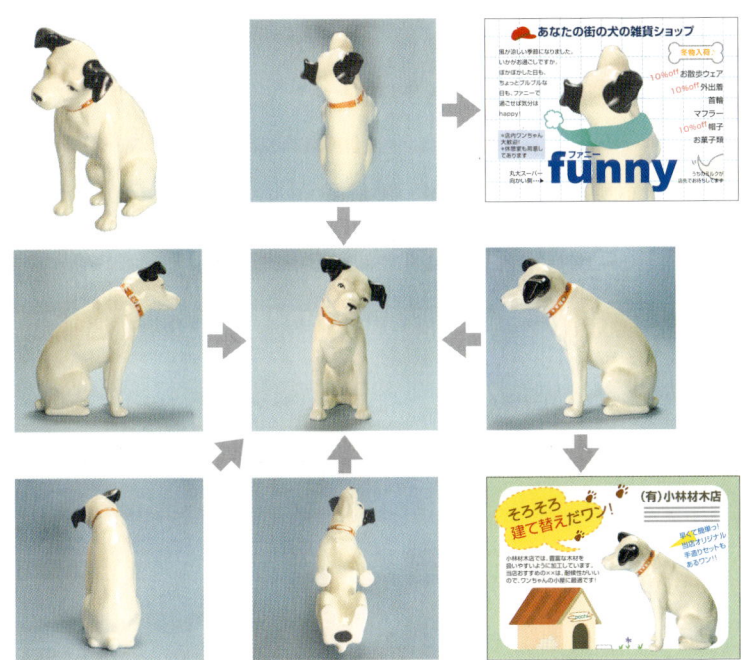

＊「ニッパー」は日本ビクターのシンボル。どこから見ても、いい表情をしている。提供＝日本ビクター（株）

◇課題4◇
コラージュによる制作

［条件］
①印刷物を使ったコラージュ
②アイキャッチャー用に制作
③何をメッセージするかしっかり考えて制作
④仕上げは糊で貼り合わせる
⑤A4のケント紙（P6のフォーマットを確認）を使用
⑥使用画材はハサミ、糊、
⑦制作時間は3時間

［制作上の注意］
①色の統一を図るとよい
②ごちゃごちゃしないように注意
③文字を切り抜いて貼るのも可

3. デザインエレメント

●形を明確に見せる

モデルが着ている服はモデルの雰囲気によって見え方が微妙に変化する。消費者にとっては、周囲の影響がない状況で商品だけを見たい時がある。このチラシは切り抜きを使い、商品の魅力を着実に伝えようとしている。比較が容易なので見る方にとってはメリットが大きい。

提供＝（株）ライトオン

●角版と切り抜き

撮影された写真は、チラシ全体のデザインに基づいて扱う形が決められる。扱い方には大きく分けて3通りある。ある形にトリミングして使う角版、被写体の形に沿ってトリミングする切り抜き、そして背景として地紋のように扱う、という3つである。

角版というのは、写真をデザイナーが決めた形の中にはめ込むものを言う。一般的に四角形が使われる。四角形はレイアウトする場合に機能的である。そのため、角版がもっとも多く使われる。

四角形は、安定感があり写真に写っているものをしっかり見せてくれる。周囲にレイアウトされているものが、例えにぎやかであっても、その中にある被写体を見るのに、それほど抵抗はいらない。また、その被写体が置かれている環境も、同時に見せることができるので、周囲の空気も感じさせられる。

切り抜きは、写っている被写体の形に切り抜くものである。その形を独立して見せたい場合に用いられる。この場合は特に、被写体の形が面白いとか個性的な場合に効果的である。切り抜きの面白さは、そのまま被写体の面白さと言ってもよい。

背景扱いは、画面全体に写真を入れ、その上に文字や別の写真を乗せていくものである。したがって、メインはあくまでもそこに乗っているエレメントであり、この写真がそれらの効果を妨げてはいけない。そのために、全体的に色調が統一されているものか、半調（半分程の色の薄さにする）にして使用する場合が多い。

角版ばかり使用すると、レイアウトのイメージが全体的に硬くなる。それを避けるためにほどよく切り抜きを使うことによって、全体の調子をソフトにすることができる。場合によっては、切り抜きを大きく使用して、その画面のアイキャッチとしての役割を持たせることもある。

□ 写真合成 □
composite photograph

撮りたいイメージが一枚の写真にどうしても納まらない時、別々に撮った写真を合成することで、イメージを仕上げることを写真合成と言う。

合成する際に大切なことは、被写体のアングルと光の角度が一定になるように撮影するということである。多少のずれがあっても違和感はないが、大きくずれると、不自然に見えてしまう。

このような写真合成は、ほとんどコンピュータで作業が行われる。ソフトのphotoshopが使用されることが圧倒的に多い。

これまでになかった写真を作るという意味で、創造写真という呼称も使われている。

実際、一つの写真に仕上げるにはコンピュータの技術だけでなく、構成力が必要であり、美的な感覚が必要である。

似たような技法にコラージュがある。コラージュは別々のアングルであっても、面白い効果が出るが、写真合成とは違う。

◆角版と切り抜きの効果

花の持つ放射状に伸びる解放感が表れている。切り抜きの場合はその形や材質感がしっかり出ていることが基本である。

角版の良さは、周囲の雰囲気も出せるということである。食べ物はこの写真のように特にシズル感が必要である。

切り抜きと角版のメリットをフルに生かしている。全体の色調の優しさが、上品なメッセージになっている。　提供＝（株）丸井

3／チラシデザインの発想法

3.デザインエレメント

●紙質は目と手に語りかける

色付きの紙に2色刷り。紙の地色を使うことで配色の幅を増やしている。牛角の手作り感覚のねらいはっきり捉えている。紙を持った時の滑らかさは、スマートな感じを与えるのに役立っている。「香ばしい」のイメージカラーを使って食欲に刺激を与えている。
提供＝牛角 たまプラーザ店

4 紙

　日本の紙の生産量はアメリカに次いで2位であり、世界の総生産量の約1割に該当する。紙の生産量は年々増加しており、コンピュータ、あるいはインターネットが発達してからの伸びが大きい。生活のいたるところに紙は見られる。いかに、私達の生活が紙に頼っているかが分かる。

　日本では生産される紙の6割を情報関連のものが消費している。情報関連の中には新聞は含まれないので、新聞を含めると約8割が情報関連のメディア用ということになる。

　紙の消費の増大には、社会的な大きな問題も含んでいる。紙は木が原料であり、これはどうしても自然破壊につながる。紙を生産する時の漂白剤も決して無害とは言えない。再生紙を作るにしても、そうした公害要因を含んでの生産工程になる。

　だからこそ、デザイナーは紙を大切に扱いたい。せっかく貴重な紙を使うのであるから、効果的な良いデザインを心がけたい。チラシに消費される紙の量は決して少なくない。そのことを意識した上でのチラシ制作である。

　改めて言うまでもないが、チラシは紙でできている。紙の種類は驚くほど多く、またサイズや材質も多岐にわたっている。同じ種類でもメーカーによって微妙に風合いが違う。どのようなチラシを作るかによって、紙の種類は異なる。折り込みチラシは、大量に刷る時は一度に何十万枚もの数になる。そうした場合は、一枚ずつの紙というのではなく、ロールになったものを使用するので、種類は限られてくる。

　演劇や映画のチラシでは、高級感のあるものが使われるし、折り込みやポスティングの中には、ざら紙が使われることもある。それぞれの効果が上がるものを選ぶのが最低条件である。再生紙もかなり安くなってきた。純白ではないがいい味の効果が期待できる。紙を知っておくことは、デザインの効果、つまりチラシの効果に影響が出ることなのである。

◆用紙のサイズ表

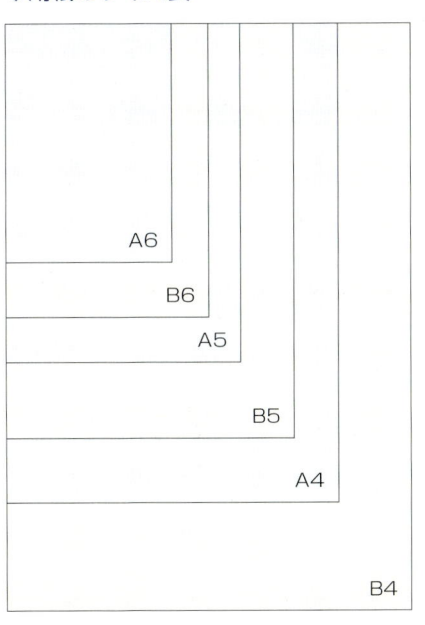

A6
B6
A5
B5
A4
B4

A 版

●A6（105×148mm）
生活に必要な修理など、電話番号が分かればいいようなシンプルなメッセージのチラシに向いている。

●A5（148×210mm）
ポスティングなどに適している大きさ。手紙の要領でメッセージが送れる。

●A4（210×297mm）
折り込みの中でもよく使われるサイズ。公用サイズでもあるので使い慣れている。

B 版

●B6（128×182mm）
書籍などにもよく用いられるサイズ。手にするのにふさわしいサイズと言える。

●B5（182×257mm）
大判のノートや書籍に見られるサイズ。雰囲気的に収まりがいいのが特徴である。

●B4（257×364mm）
折り込みでよく使用されているサイズの一つ。存在感と使い勝手の良さが好まれている理由である。

□紙のサイズ□
size of the paper

紙を見る時は大きさと重さの表示をチェックする。印刷時に紙を指定するにはこの両方の規格を印刷屋に指示することになる。紙にはかなり多くの種類がある。紙によって重さもだいぶ異なる。紙は1000枚単位の重さで、いわゆる厚さを表示する。同じ種類でも軽い方が薄くなるが、あくまでも重さでの表示になる。

紙のサイズには、A版とB版の他にかなりの種類がある。

四六判	788×1091mm
菊判	636×939mm
地券判	591×758mm
ハトロン判	900×1200mm
新聞用紙	813×546mm

A判はヨーロッパで流通しているサイズ。B判は日本独自のサイズ。現在は公用としては日本もA判になっている。できればA判に統一したいという意図がある。しかし、日本の生活の中のいろいろなサイズに合っているB判は、簡単にはなくならない。A判は主に建築関係で用いられ、B判はグラフィックデザイン関係で用いられている。

3. デザインエレメント

●新聞のイメージはよく使われる

このチラシは新聞用紙に刷られている。真っ白でない分、雰囲気が暗く安っぽく見える。ところが新聞のイメージが強いので、逆に信用できるニュース性が感じられ、良い効果となっている。「緊急告知」が号外的なイメージにつながっている。新聞の形態を利用するメリットである。

提供＝読売旅行 川越営業所

◆チラシによく使われる紙

用紙の名前	用 途	特徴／価格
●しっかりしていて豪華 サンマット紙 ミラーコート紙	高級感を出したい時に使用。ダイレクトメールにしたり、カード式のチラシに向いている。	サンマット紙はマット系（艶のないもの）の紙。薄く黄色がかっているのが特徴。ミラーコートは光沢が強く、裏面は通常のコート。チラシで使う時は、四六判で160kg程度が使いやすい。
●薄くて強い アート紙	カタログやカレンダーなど高級な印刷物に向いている。チラシでも保存用とか記念的なものに使う。	上質紙、中質紙などにコート剤を塗布し高圧を加えて作られた、滑らかさが特徴の紙。滑らかな光沢と発色の良さがあり、美術的な効果が高い。アート紙にはマット系のものもある。
●安くて強い コート紙	もっとも多くチラシに用いられている。カタログやポスター、パンフレットにも使われることが多い。	上質紙、中質紙などにコート剤を塗布して作られる。アート紙より品質は落ちるが、安価でありながら写真の効果が高いのが特徴。コート剤を薄くして軽量にしたものもある。
●1〜2色刷り 上質紙	単色チラシに適している。書籍などにも多く使われている。コピー用紙もこの仲間。強度があるので取り扱い説明書などにも使われる。	光沢が抑えられており、文字などが見やすい。表面がコート紙やアート紙よりもざらついているが、それが落ち着きを感じさせる。色付きの色上質紙は、単色での印刷で2色的な効果を出すのでよく用いられている。
●エコロジーを意識 マットコート紙 （ニューエイジ紙）	おしゃれで少し高級感を出したいチラシに向いている。パンフレットや会社案内、小冊子などにも適している。	再生紙として有名なニューエイジ紙はしっとりした優しい雰囲気の紙。マット紙は光沢紙よりもインクの乗りが悪く、断裁面に色が写る場合があるので、断ち落とし箇所には薄い色を使用する。
●特殊な効果 波光	高価な商品に付けられる説明書的なチラシに用いられたり、プリント作品の用紙として使用されている。	目は粗くゴワゴワしているがプリンターでも出力できる。色が純白なので発色に優れているため、美術作品のプリントにもよく使われる。単価が高いが重厚な感じを受ける。チラシに使用するのは意外性が高いため。

□再生紙□
recycled paper

古紙をリサイクルした用紙。年間に世界中で消費される紙の量は膨大なものがある。紙は木材から主に作られているので、紙のために伐採される木材の量は、広大な森林があっと言う間に消えていく。こうしたことから、使用した紙を回収して、リサイクルして使うことが重視されるようになった。

しかし、再生紙にするには、その処理にかなりのコストがかかり、しかも漂白する段階で公害物質を使用するため、必ずしも理想的とは言えない。

森林は植樹を計画的にすれば、再生することができる。再生紙を使うことも大切だが、植樹に力を入れることはそれ以上に重要な問題である。

再生紙にエコマークを付けるのは、どのような意味があるのかもう一度考えたい。

3／チラシデザインの発想法

チラシレイアウト技法 4

●商品を印象付ける
下のチラシの前に出されたものの一つ。下のに比べると商品を強調したレイアウトになっているのが分かる。
提供＝(株)ブルックス

●レイアウトの基本
　レイアウトの目的は、種々のデザインエレメントをそれぞれの役割を明確にし、見やすくするためにルール付けを行うことである。基本はまず第一に「何のチラシかすぐ分かる」、次に「掲載されているコピーが読みやすい」、最後が「美しい」の3つの作業テーマである。
　もちろん人の目を捉えるインパクトの強いものを作らなければ誰も手にしてくれない。そのためには、誘引性の高い色や形、コピーを利用しなければならない。人の目も気持ちの悪いものには引かれない。気持ち良く、楽しいものであることが大切である。
　一枚のチラシにより多くの情報を入れたいのが一般的な傾向である。しかし、目一杯のチラシは敬遠される。分かりやすくするためには、エレメントを整理し、できるだけグループ毎にかため、所々に余裕を持たせなければならない。それは、そのチラシを手にする人のためにである。

①誘引性＝目に付く
このチラシでもっとも目を引くのは、ヘッドコピーである。白抜きの「1杯19円。」は嫌味なく目に付くよう工夫されている。

②視覚誘導
ロゴの赤を利用して、見る人の視線を、断然お得、1年保証、ロゴ、送料無料、1杯あたり19円につなげている。

③分かりやすさ
この写真で、このチラシが何の商品をメッセージしているか一目瞭然になっている。香り立つコーヒーの匂いをも伝えている。

④ゆとり＝空間
ここには何も入れられていない。この空間をホワイトスペースと呼んでいる。これにより、ゆとりと奥行きを感じさせている。

⑤美しさ＝美的効果
このチラシは全面に文字が入らないように配慮されており、読む人が特に気にする商品情報を下段にまとめ、美的効果を上げている。

提供＝(株)ブルックス

⑥モチベーション＝問い合わせ
この商品の購入を希望する人に、手間をとらせない配慮は、モチベーションを低下させない工夫と言える。

3／チラシデザインの発想法

4.チラシレイアウト技法

●面の分割は基本
レイアウトの基本は画面をどう分割するかということである。この「アール・デコ展」のチラシは大胆な分割であるが、シンメトリーにならないよう微妙にずらしている。アール・デコの特徴を利用しながら、展覧会の魅力を写真で見せている。色調もアール・デコ調である。
提供＝(株)伊勢丹

1 構成の基礎

　レイアウトの技術を支えるのは構成力である。構成力とは、バランスをとる力である。バランスとかムーブメントのことを構成の基礎と言う。面を分割する時、どこに分割線を入れるか。分割線を引く場所によって、面の雰囲気が異なったものになる。安定感を出したいのか、ムーブメント(動き)を出したいのか、それはコンセプトによって決まってくる。

　動きのあるイメージは、分割を斜めに行い、それによってレイアウトを進めると表現できる。ムーブメントのある画面になる。
　図と地の関係も、注意しなければならない。これには色が持つ効果が大きく影響してくる。メインに出したいモチーフの背景に派手な色を入れれば、モチーフの効果は弱まる。自分はそのモチーフを意識しているので、しっかり見えているが、第三者は背景に目が行ってしまうことになる。

図と地の関係は、特に背景と主体(イラストや文字)の関係で影響する。上図では色付きの部分の方が見えるので、とげとげしたイメージになっている。

この図では、上の部分に色が付いているので、花のような柔らかいイメージに見える。背景を強くする時はこのことに注意した方がよい。

画面のどこを分割するかで、面のイメージは変わる。上図の場合は安定したイメージになる。

縦に分割すると、錯覚で面が高くなったように見える。高さを感じさせる時に適している。

斜めの分割は、ムーブメントが出てくる。スピード感や誘引性を強めるのに適している。

3／チラシデザインの発想法
4.チラシレイアウト技法

●**シンメトリーは落ち着きが出る**
画面が左右対称の構図となっている。シンメトリーは安定感を求める時に適している。このチラシでは、吹き出しの形を繰り返すことによってリズムを出そうとしている。さわやかなイメージで学生の新生活を応援するメッセージにしている。キャラクターの愛らしさが効果を高めている。
提供＝JR東日本／（株）スタジオゲット

構成を行う上で、古来より行われてきたのがシンメトリーである。シンメトリーは、まとまりのないものをまとまって見えるようにするための有効な方法である。ただし、シンメトリーというと左右対称のものばかりが有名だが、多くのシンメトリーは、ほとんど使われていない。使われたとしても、模様的なものに限られており、レイアウトに応用されることは少ない。

左右対称の他に移動（連続）、拡大、回転などがある。左右対称はセンターを中心に両側が同じになるレイアウト。連続は同じ形のものを繰り返しある線上に展開する。この場合のレイアウトは同じフォーマットの繰り返しになる。扱うものにそれほど差がない時にボックス（囲みのようなスペース）に入れて展開する。拡大はアイキャッチした部分を基本に、次第に見せるスペースを広げていく。回転は、中心にメインを置き、円形などに写真や情報を入れ、取り囲むようにレイアウトする。

ユニット

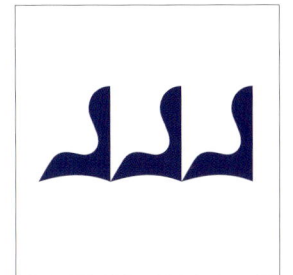

［移動のシンメトリー］ユニットを同一線上に移動させる。リズムが生まれる。

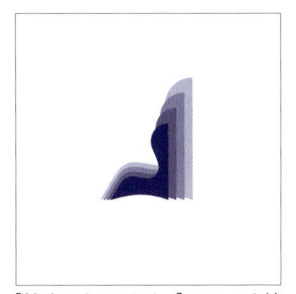

［拡大のシンメトリー］ユニットを拡大していくと、立体感や奥行きが得られる。

［対称のシンメトリー］もっとも多用されている。線を軸に反転させた形。

［回転のシンメトリー］1点を中心に回転させて得られる形。花にはこれが多い。

◇課題5◇
拡大を利用した構成を行う

［条件］
①希望が明日に向かって広がっていくイメージを作る
②見る人に明るい開放感を与えるものにする
③A4のケント紙（P6のフォーマットを確認）を使用
・例

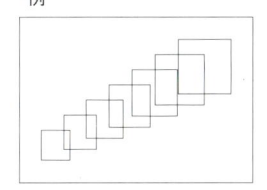

④使用画材はマーカー、色鉛筆、製図ペン、定規、パソコン可
⑤制作時間は3時間

［制作上の注意］
①自由曲線でも可
②枠線の内側に描く
③使用する色は自由

3／チラシデザインの発想法
4.チラシレイアウト技法

●センター揃えで堂々の雰囲気を出す
センター揃えのレイアウトでありながら、横に長く伸ばしたコピーによって広がりを演出している。そのためオープニングの堂々としたイメージが強まり、見る人に開放感を与える。バックの背広によって紳士服の店であることが分かる。赤がオープニングの盛り上がりを作っている。
提供＝P.S.FA／はるやま商事（株）

2　4つの基本フォーマット

　レイアウトは文字と絵をどのように配置するかということである。その基本となる考え方は前述した通りである。特に文字をレイアウトする場合、まず考えなければならないのは、読みやすさである。
　「デザイン優先で読みづらい」と言う声をよく聞く。その言葉の使い方は間違っている。デザインは見る人の立場で作られるもので、見る人に読みやすくするのがデザインである。この言葉の裏側には、デザイナーのエゴ優先という気持ちがある。読みやすい上で、かっこいいものなら誰も文句は言わないはずである。デザインとは見かけ上のことだけではないのである。
　これまでの経験から読みやすいレイアウトの定型ができあがっている。特に、文字の配置にはいくつかのフォーマットがある。中でも4つのフォーマットは、ほとんどのメディアに

［頭揃え］頭を揃えたレイアウト。頭揃えは文章が読みやすくなると同時に、全体が見やすくなるという特徴がある。

［センター揃え］コピーや写真などを画面の中心に合わせてレイアウトする。まとまりはあるが、平凡になる。品や風格を出す時に適している。

［尻揃え］コピーや写真の尻を揃えるレイアウト。コピーは読みづらくなるが、尻が写真などで揃えなければならない時に便利。

［箱入れ］あたかもそこに四角形があるつもりで文字を入れ込む。あるいは四角形にケイ線で囲んだ中に、文字を入れ込む。独立させて見せる時に適している。

3／チラシデザインの発想法

4.チラシレイアウト技法

●統一感を出す時

4つのレストランをどう1枚のチラシにレイアウトするか。それも種類の違うレストランである。その結論がこのチラシになっている。基本的にはセンター揃えになっているが、色と写真の配置で変化を付けている。バラバラになりそうな構図をセンターに揃えることで統一感を与えた。
提供＝ホテルメトロポリタン

使われている。このフォーマットは写真を含めて考えられるので便利である。

4つの基本フォーマットでもっとも多く使われるのが、頭揃えだ。文字の頭や写真の左縁を揃えると、見やすいし読みやすさが抜群に良い。読み出すところが揃うだけで、人の目に与える負担を軽くすることができる。

人の目は、常に一定の場所に戻ってくる習性がある。つまり揃えた頭に戻ってくる。また、他のフォーマットも同様に、全体に統一感を与え、美的な効果を発揮する。

センター揃えは、左右対称のシンメトリーのレイアウトである。このシンメトリーは落ち着きがあっていい。しかし、ムーブメントに乏しく型にはまった感じになる。クラシックなものや品を感じさせたいものには効果を発揮する。箱入れは、独立して見せたいものに適しており、これも頻繁に使われている。尻揃えは、読みづらいが尻側を効果的に使う場合に便利である。

使っている写真が同一のものであっても、レイアウトの仕方によってイメージは大きく変化する。車は質感が要求されるが、それ以上に重要なのがアングルである。このアングルによってスピード感や高級感が生まれるからだ。このVOLVOのチラシは、見事にそれを伝えている。レイアウトの大切さを教える例でもある。
提供＝ボルボ・カーズ

◇課題6◇
センター揃えのレイアウト

［条件］
①音楽会用チラシを制作する
②タイトルその他は自分で決める
③課題3で制作したイラストを1つ利用する
④コピーはパソコンで制作
⑤A4のケント紙（P6のフォーマットを確認）縦位置で使用
・例

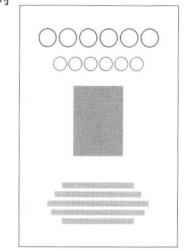

⑥使用画材はマーカー、色鉛筆、製図ペン、定規、パソコン
⑦制作時間は5時間

［制作上の注意］
①音楽会の内容を具体的にする
②イラストの色はイメージに合わせる

3／チラシデザインの発想法
4．チラシレイアウト技法

●広がりは迫力を生む
断ち落としをふんだんに使ったレイアウトが、このチラシの迫力を生み出している。ヘッドコピーの広がりがそれを助けている。さらに写真の撮り方が、犬に焦点を合わせているため、そこに集中があり、画面全体を引き締めている。広がりだけだと緩慢な雰囲気となるのを、うまく防いでいる。
提供＝（株）リオ横山／スリードッグベーカリー

③　広がりと集中

●広がり
　チラシにおける重要な見せ方には、2つの方法がある。広がりと集中は、レイアウトの作業を進める時、常に意識しなければならないものになっている。

　広がりとは、限られた画面を大きく見せることである。同時に見る人に、開放感を与え気分的に楽しくさせる。この場合の、面の考え方は、ある風景の中から、その場面を切り抜いてきたことを意味している。連続している場面を潜在的に認識するという心理的な効果を利用している。

　広がりの見せ方は、両側に罫線や写真を置いて壁を作らないようにすることである。人間の目は水平位置に2つ付いている。そのため両側に壁があると、ちょうど視野（水平視野）がさえぎられたように認識し、狭いと感じてしまうのである。

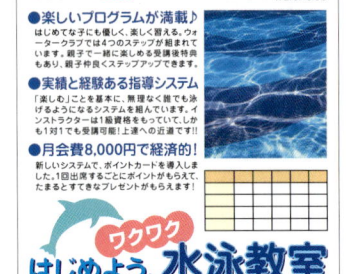

ヘッドコピーなどを端から端まで入れると、全体の雰囲気が横に広がって見える。上図では余裕がなく息苦しく感じる。

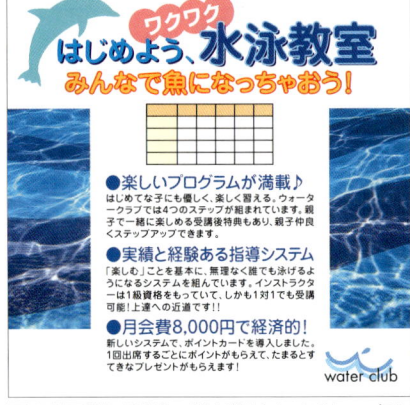

写真を両側に配置し、断ち落としにすると、一気に面が広がって見える。ホワイトスペースもできるのでゆったりして見える。

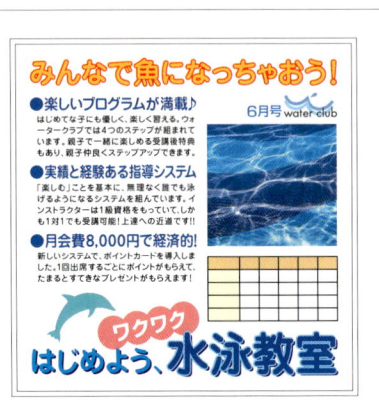

枠に余裕を作り、ケイ線で囲むと小さく見えるが、集中するので読みやすくなる。枠に幅ができるのできつきつの感じが解消される。

ケイ線を上下に入れ、その中にコピーや写真を入れる。写真に文字がかぶるようにしてボディのスペースを確保する。上下の空いたスペースも使える。

□ダダイズム□
dadaism

ダダイズムは、20世紀の初頭（1920年）に起きた芸術運動。シュールレアリスムと共に、その後の芸術に大きな影響を与えた。ダダイズムは、第一次世界大戦のさなか、ヨーロッパ各地で反芸術運動であった。過去の芸術や文化を徹底して否定するところから始まった。多くの詩人や画家達が参加した。
ダダという言葉自体には意味はなく、戦争を否定し、人間性を復活し、これまでの価値を見直すことが運動の中心になっていた。先駆者としてデュシャン、ピカビア、エルンストらが活躍した。
ダダの特徴は、コラージュや写真の新しい表現、フロッタージュ（紙を載せゴシゴシ鉛筆でなするといった技法）など、既成の技法にとらわれない自由な表現を行った。画材には決まった描き方などない、という自由な発想から生み出された作品の多くは、その後のデザインにも大きな影響を与えた。

●四角形を有効に使う

4つの演し物を四角形の辺を使い、それぞれがきちんと見えるように配置した。中央のタイトルが全体の統一したもので、それが要の役割を果たしている。モノトーンでありながら、インパクトはきわめて大きい。種々の可能性を検討してできあがるレイアウトの面白さを見せ付けられる。
提供＝新国立劇場／(株)パワートレイン

●集中

　画面一面に似たようなボリュームで文字や写真がレイアウトされると、広がりよりも散漫な感じを与え、一体何を伝えたいのかが分からなくなる。それだけでなく、インパクトがないため、眼にも止めてもらえない。インパクトがないものは、訴求力(人に印象付ける力)効果が弱くなる。

　散漫なレイアウトにならないようにするため、一般的なチラシであれば、文字グループを3箇所(以内)にまとめる。散漫に見える原因は、余白の部分がほぼ似たような面積に見える場合である。グループにまとめると、この余白の部分を広がりのある空間にすることができる。これをホワイトスペースと呼び、画面にゆとりをもたらす効果がある。

　同時に、集中させることによって、画面にホワイトスペースとのコントラストができる。そこに変化と緊張感が生まれ、それがインパクトになる。

クライアントから文字だけを渡された(支給という)場合、デザイナーはどのようにレイアウトするか考える。上図は文字の大きさ、配置に変化付けたもの。

左図では変化はあるものの、読みづらい。そこで項目ごとにグループ化し、それぞれの間にスペースを設けた。見やすさと読みやすさは格段によくなる。

クライアントから文字の大きさを変えないで、レイアウトして欲しいとの指示があったので、2段目を右にずらして変化を付けた。

左図をもう少し読みやすくするには、見出しと本文を分け、見出しの頭にケイ線を入れ、見出しを強調した。その結果見やすくなった。

◇課題7◇
広がりをメインにしたレイアウトを行う

［条件］
①旅行用チラシを制作する
②観光地を1箇所決めて、タイトルその他も自分で決める
③写真は印刷物を利用する
④コピーは実際のチラシを引用して、自分でパソコンで制作
⑤A4のケント紙(P6のフォーマットを確認)を縦位置で使用
・例

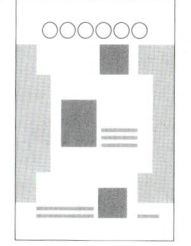

⑥使用画材はマーカー、色鉛筆、製図ペン、定規、パソコン、印刷物、糊
⑦制作時間は5時間

［制作上の注意］
①広がりを見せるのに断ち落としの効果を利用する
②イラストは必要に応じて入れる

3／チラシデザインの発想法

4.チラシレイアウト技法

●まず目を止めてもらう
Vサインはジャンケンのチョキとかけている。ジャンケンに勝てば、5万円がゲットできる。そこだけに地紋がなく、手の形が浮き出てくるので、目は自然にそこに引かれる。手のそばにある黄のバクダンマークもアイキャッチの役割を果たしている。
提供＝KDDI（株）

4 アイキャッチ

毎日折り込まれてくるチラシの量は、多い時に70枚にも及ぶ。もちろん、次の日が連休で、家族が家庭にいる可能性が高い時にそのような枚数になるので、普通の休日前にはこのような枚数にはならない。

普段でも平均20枚以上のチラシが入る。その中で、どのように目に止めてもらうかがデザイナーの腕の見せ所になる。目を止めさせることをアイキャッチと言う。また、その仕掛けをアイキャッチャーと呼んでいる。コピーの場合はキャッチコピーと言う。

アイキャッチするには、造形心理や色彩心理を応用する。そのいくつかを紹介しよう。〈小さいものより大きいものの方が目立つ〉〈寒色系よりも暖色系の方が目立つ〉〈丸いものより星形のものの方が目立つ〉〈横になっているものより斜めのものの方が目立つ〉〈ぼけているものより明快なものの方が目立つ〉〈知ら

□関心度□
degree of interest

ここではメディアに対しての関心度のことである。関心度は男性と女性とでは異なっている。大きな傾向としては、男性は社会的なものに、女性は生活的なことに関心を持っている。
男性も女性もトップはテレビである。男性38％、女性も同じく38％、2位は男性が新聞23％、女性は折り込みで32％、3位は男性が折り込み17％、女性は新聞14％、4位は男性が雑誌10％、女性は通販カタログ6％、5位は男性がその他の11％、女性は雑誌4％となっている。女性は6位まであってその他4％が付け加わる。
これは2001年のデータなので、現在ではインターネットの活用が伸びている。
折り込みに対する関心の高さは、女性が圧倒的に高い。日々の家事をしている主婦にとっては折り込みは欠かせない情報源なのである。

同じ色と形のものを整然と並べた場合、模様になり動きが止まる。目をどこに持って行っていいか分からなくなってしまう。

一列だけ、他よりも大きくする。目は大きくなった一列のところにまず行く。タイトルや見出しを大きくするのは、そこをまず見てもらいたいからだ。

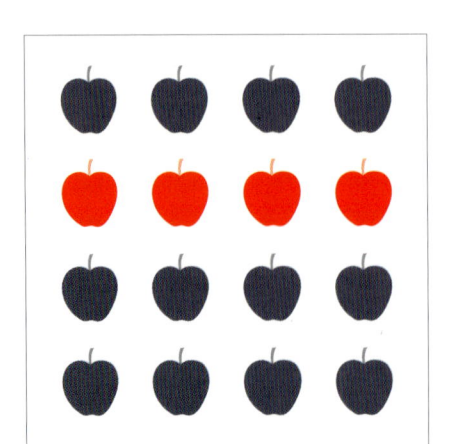

全部同じ大きさだが、一列だけ目立つ色にした。目は迷わずその部分に引き付けられる。目を捉える部分にもっとも目立つ色を入れる理由である。

一カ所を星の形（バクダンと言う）にし、リンゴの形を白抜きにした。とんがった形は丸のあるものより人の目を引き付ける。

3／チラシデザインの発想法

4.チラシレイアウト技法

●色の面積の大きいところに目は行く

カタログは細かい商品写真が並ぶ。単調になることが必然である。それでは、人は目を止めてくれない。そこで、一カ所だけ色の面積を広くするため、写真を大きくして、目をそこに引き付ける工夫をする。変化を付けることによって画面に躍動感をもたらしている。

提供＝㈱ニトリ

ない人より知っている人の方が目立つ〉〈普通の顔より笑っている顔の方が目立つ〉〈ソフトな言葉よりも激しい言葉の方が目立つ〉〈下より上の方が目立つ〉などである。

これらを検討し、チラシのアイキャッチを決める。これによって高い確率で人の目を止めることができる。どの方法を使うか、どれとどれを組み合わせるかだけである。

しかし、一つ大きな問題がある。そのような方法で、新聞に折り込まれてくる全てのチラシができている時、その状態が普通になってしまうということだ。

例えば、アイキャッチャーを大きな文字で、赤が使われていたら、どれも目立たないことになる。この時は赤の反対色（補色）の緑を使うと目立つ。にぎやかなチラシばかりの中で、逆に静かな雰囲気のチラシがあれば、おやっと思い目を止めることになる。つまり、日頃から、チラシの動向をチェックしておくことが大切である。

ヘッドコピー、サンプル、イラストを同じボリュームでレイアウトすると、目は中央サンプルに行く。まとまりはあるがおとなしめである。

イラストを大きくして、中央にレイアウトしたもの。人の目はまずこのイラストに目が行く。ただしシンメトリーになっているので硬いイメージがある。

構図を斜めの分割にした。動きが生まれスピード感が出てきた。斜めのものには目線が行きやすい。サンプルをきちんと入れ見やすくするのがポイント。

イラストを大きな唇と差し換えた。沢山のチラシの中にあるとよく目立つ。しかし、限度を越えると下品になるので扱いに注意する。

◇課題8◇
アイキャッチをメインにする

［条件］
①アイキャッチをメインにしたセール用チラシを制作する
②人物をモチーフにしたアイキャッチャーを作る
③セールの中身は自分で決める
④キャッチコピーも自分で制作
⑤全体のレイアウトを考える
⑥仕上げはA4のケント紙（P6のフォーマットを確認）を縦位置で使用
⑦使用画材は製図ペン、色鉛筆、定規、コンパス、テンプレート、パソコンなど、何でも使用してよい
⑧制作時間は5時間

［制作上の注意］
①人目を引くためのイラストは、誇張が特に必要である
②写真はチラシから切り抜いて使う
③サムネールは10個は欲しい

●目線を誘導する

この小さな（B6判）チラシにリズムを与えているのは、これまた小さなピンクの花びらである。キャッチコピーにもこのピンクが使われており、目線はこの色を探して動く。視覚誘導は、読んでもらいたいと思う所へ導くための技法である。桜えびと桜の花びら、微笑ましい演出である。
提供＝てんや

5　視覚誘導

　意図通りアイキャッチできたら、次は読んでもらわなければならない。それには、内容が魅力的であることはこれまでにも述べてきた。デザイナーはその上でさらに、興味を失わさせないようにしなければならない。

　アイキャッチャーで捉えた目を誘導し、最後まで見てもらえるようにする。これを視覚誘導と呼んでいる。視覚誘導は、決して感覚的なものではなく、人間工学的なことである。そこにもまた目が持つ習性と造形心理が用いられる。

　視覚誘導のメカニズムとして代表的なものは〈目は同じ色を追う〉〈目は同じ形を探す〉〈人は順番を追う〉〈大きいものから順次小さいものに目を移す〉〈遠くのものより近くのものに目を移す〉などである。

　スーパーのチラシでZ式という視覚誘導が良いと言われているが、一つの方法でしかない。

モノトーンのデザインであるが、かえってシンプルでいい効果をもたらしている。漫画的技法のため、コミカルなメッセージになっている。
提供＝（株）ディーシーカード
　　　　販売促進部 広告宣伝Gr

目線はまず、右上の大きなキャラクターに行く。そこにある「母さん、あいつに」のコピーを読み、左下の「じゃ、DCギフトカード」に移る。最後はもっとも大きいDCギフトカードに目が行く。これによって印象付けが行われる。簡単なようで、計算されたアイディアがなければできない。

左側の赤い円形が目を誘導する機能を果たしている。目立つ色が、限られた場所にあると目はそこに行く。右は同じ形の場合でも視覚誘導されることを表している。

3./チラシデザインの発想法

4.チラシレイアウト技法

●紙面全部を見てもらいたい

決算の文字の下がアイキャッチとすれば、その後に続くところ全てに目を向けさせようとする努力が払われている。目玉となる商品の価格を表す赤い数字は大きい。そしてそこには「大特価」などの文字が付けられている。目はその数字を追って行く。その結果興味ある人は全てに目を通す。
提供＝PC DEPOT

「サラダメニュー」というネーミングは新鮮な印象を受ける。そのコピーがキャッチの役割を果たしている。
提供＝(株)東急ストア

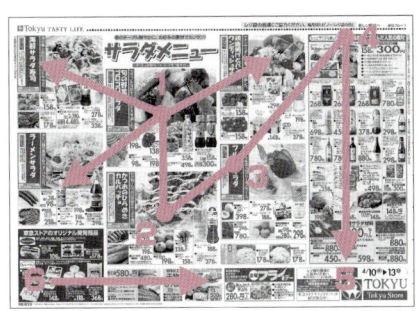

目線はまず、サラダメニューの下の写真に目が行く。ここの写真がもっとも大きく、目玉であることが分かる。ここを起点に目は赤と緑の小タイトルへと移る。この配色は補色同士なので、トーンは抑えているもののハレーションを起こし、生き生きとした効果を出している。

左上の「かつお大特価」のコピー、そしてかつおの写真。そこに目は行く。そのまま下にある商品へと目線は移動する。右のスペースへは、一番ラストに行く。
提供＝イトーヨーカドー

◇課題9◇
視覚誘導を考えたチラシ

[条件]
①製品の新発売用チラシを作る
②誘導ポイントに色と形を使うが、ポイントは3箇所にする
③製品のセールスポイントをしっかり決めて制作
④仕上げはコンピュータでゴシック体70ポイントで
⑤A4のケント紙(P6のフォーマットを確認)を縦位置で使用

例

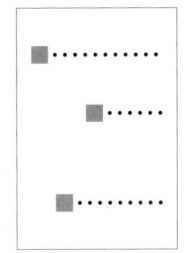

⑥使用画材は製図ペン、色鉛筆、定規、コンパス、テンプレート、パソコンなど、何でも使用してよい
⑦制作時間は5時間

[制作上の注意]
①目線を誘導するためには、誘導ポイントを離し過ぎないこと
②写真やイラストを入れる場合には、誘導ポイントのそばにレイアウトする
③サムネールは10個は欲しい

3／チラシデザインの発想法

4.チラシレイアウト技法

●バランスは緊張感の源
大きくて暗いものが上方にあれば、どうしても不安定な画面になる。それを左下から出ている手でバランスをとっている。右下のクーポンも安定をもたらす役割を果たしている。バランスがとれた構図には緊張感がある。それがインパクトを生み出している。
提供＝Mars,Inc.

6　バランスとインパクト

　人に訴える力のことをインパクトと呼んでいる。インパクトは人の印象に刻み込むための重要な力である。インパクトのないものは読んでいて、人を引き付けられず、途中で読むのを止めてしまうか、心を動かすことができない。したがってどのように、インパクトを持たすかはデザイナーがもっとも注意しなければならないものの一つである。

　インパクトを付けるのに、単純に迫力のあるイラストレーションや写真を採用し、大きな文字でコピーを飾るということもある。しかし、それは一瞬の効果であって、メッセージの内容が単純な場合には有効ではあるが、内容が複雑な場合には適していない。

　一般的には読んでくれている人に、ほどよいインパクトを与え、最後まで引き付け、さらに気持ちに衝撃を与え、共鳴を得ることがインパクトの方法となる。迫力のないエレメン

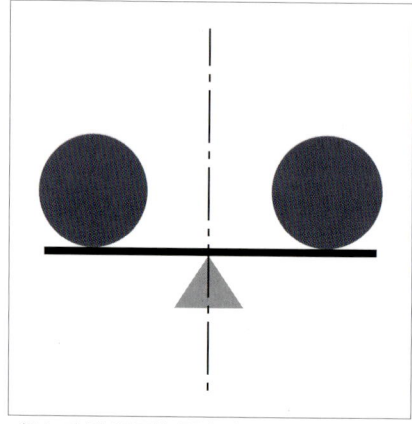

□ムーブメント□
movement

紙面を構成する時に、基本的な構成技法としてムーブメントがある。動きのあるものに、人の目は引き付けられる。静止しているものは、見ていて心が落ち着くが、心踊るような躍動感は得られない。躍動感は、期待感につながる。見ていて楽しいという感じは、ムーブメントから生まれてくる。チラシのデザインでは、人の目を捉える目的と楽しみを与えるため、ムーブメントを持たせたデザインを心がける。
ムーブメントを出すためには、下に重いもの（写真とかイラスト）を集中させない。また、シンメトリーのレイアウトは安定するので避ける。できるだけ斜めを意識した構成を行う。視覚誘導が斜めになるように、レイアウトを考える。逆に、クラシックのコンサートなどのチラシは安定感を出すようにする。

バランスは物理同様、両者が同じ大きさなら支点は中心にくる。センターを挟んで、同じボリュームのものを置くと安定感がある。安定過ぎて平凡。

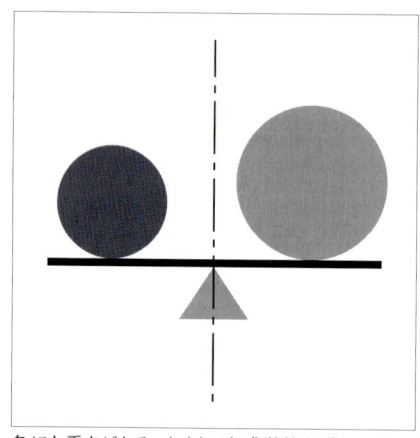

色にも重さがある。あくまでも感覚的な重さである。暗い色より明るい色の方が軽い。暗い色より明るい色を大きくするとバランスがとれる。

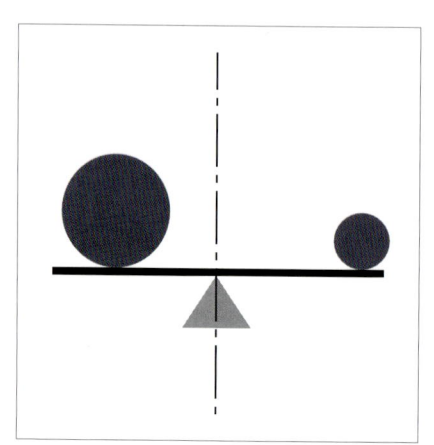

同じ色（写真なども同じ）で大小がある場合は、大きいものを中心の近く、小さいものを中心から離して配置すると、バランスがとれる。

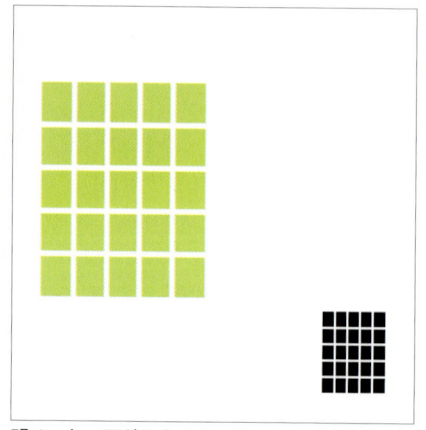

明るい色は面積を大きくし、暗いものは小さくして、中心から離して置くとバランスがとれる。ここには、緊張感がありインパクトが強くなる。

3／チラシデザインの発想法

4.チラシレイアウト技法

●広げた時に
左側（表紙）の50％の文字が強烈に大きい。そのため、強烈さとは別に現実感が失われてしまう。ところがこれを広げた時に、右側の商品群が重りとなって、飛び出そうとしている左側の数字を抑えてバランスをとっている。そのため、飛び出していた50％の数字は、インパクトになる。
提供＝㈱メンズショップ サム

トを使っても、インパクトを与えられることが重要なのである。

ものに重さがあるように、視覚的なものにも重さがある。〈同じ色をした大小の形では、大きい方が重い〉〈同じ面積でも、円形より四角形の方が重い〉〈明るい色（黄色やピンクなど）よりも暗い色（青や黒など）の方が重い〉という基本的なことがインパクトにつながっている。

重さを釣り合わせることが、バランスをとることになる。釣り合いがとれている状態は実はもっとも緊張している状態である。支点が少しでもずれれば崩れてしまう。バランスをとるということは、緊張感を出すということであり、この緊張感がインパクトになる。

レイアウトには、いくつものパターンがある。写真や見出し的なコピーの配置を、三角形の位置に配置する。三角形の位置関係が緊張感を作り出すからだ。また三角形は、誘引性の高いムーブメントが得られるものである。

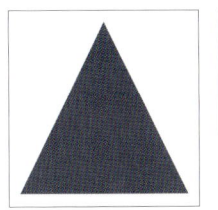

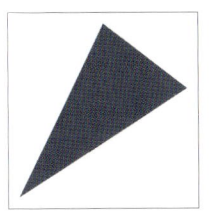

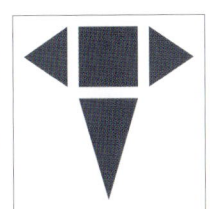

上の6つの図はレイアウト基本パターンを示している。三角形の部分に写真やボリュームのある文字が入る。白い部分には文字や目立たないものがくる。

グレイの部分が写真だとした場合、左図の逆三角形のレイアウトになり、迫力が出る。しかし、不安定なので右下に抑えを入れないと安定しない。

このB3判の大きなチラシは、逆三角形の構図で迫力を作り出し、キャラクターでまた、前進してくる雰囲気にしている（遠近法）。さらに、ピュアな色が激しいエネルギーを感じさせ、これ以上、迫力を表現できないというギリギリの効果が出ている。
提供＝志木住宅公園

◇課題10◇
インパクトのあるチラシ

［条件］
①歳末大売出し用チラシを作る
②コピー、色使い、そしてレイアウトとも迫力のあるものにする
③写真は自分で撮るか、印刷物を利用してもよい
④A4のケント紙（P6のフォーマットを確認）に縦位置で制作
⑤使用画材は製図ペン、色鉛筆、定規、コンパス、テンプレート、パソコンなど、何でも使用してよい
⑥制作時間は5時間

［制作上の注意］
①店は既成のものでもよいが、具体的に決めておく
②メインはあくまでもコピーと色による制作である
③サムネールは10個は欲しい

3／チラシデザインの発想法

4.チラシレイアウト技法

●ピントを合わす

文字はその置く場所で見え方が違ってくる。このチラシは文字だけで、シンプルにまとめて、文字を読みやすくしている。「速報」の文字はイメージを伝えるだけのアイキャッチャー的な役割を果たしており、輪郭がぼかされている。そのため、黒の文字に目が行くように計算されている。
提供＝（株）ホリプロ／河野デザイン事務所

7 文字の配置と読みやすさ

　もっともプロとアマの差が出てくるのがコピーの配置である。その差がどこからくるかと言えば、相手のことを考え、読みやすくしているかどうかの配慮の仕方からである。

　デザインされたものを見て、コピーの扱いと配置をチェックすれば、プロとアマの違いはすぐ分かる。それほど歴然と差が出る部分なのである。

　原則は、コピーは余った部分に置くのではなく、読みやすい部分に置くことである。まず、文字の大きさは高さ2mm以内は読めない、3mm以上を標準にする。次に、1行26文字が人の目で追える限界であるので、それをできるだけ超えないようにする。また、コピーを紙の端やケイ線ぎりぎりから始めないようにする。コピーの頭は、余裕があるところから始めるのが、読みやすく美しい。最後に、バラバラに離すと読みづらくなるので注意する。

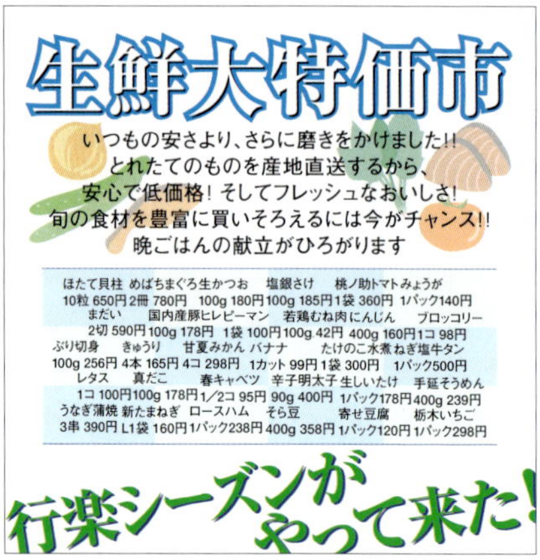

□文字のジャンプ率□
jump percentage of the letter

紙面が大きくても小さくても、本文で使用される文字の大きさはほぼ一定している。紙面が大きいから本文書体まで大きくする必要はない。見出しやリード文は、この本文の文字を基準にして決めていく。その大きさの比率をジャンプ率と呼んでいる。画面の中でもっとも大きな文字は、キャッチコピー（見出し、ヘッドコピー、タイトル）である。その後に、中見出し、リード文などが続いている。このジャンプ率が低いと、おとなしい画面になり、インパクトも弱くなる。活気に満ちたものにする時は、ジャンプ率を上げればいいことになる。ただし、大きさのメリハリを付けることを忘れてはならない。全部が大きくても、ただうるさいだけの画面になってしまう。ジャンプ率の高いものから順に並べると次のようになる。
①キャッチコピー
②中見出し、小見出し
③リード
④柱、ノンブル
⑤本文
⑥図版キャプション、注

一見まとまっているように見える。しかし、中央の商品の文字が小さ過ぎる。見る人に何をもっともアピールすべきかを考えることが大切。

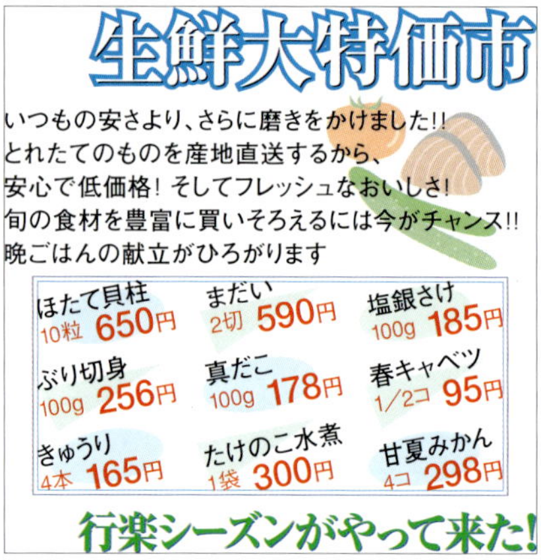

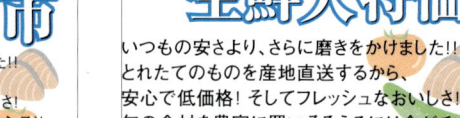

商品と価格を大きくして、訴えるものを明確にした。しかし、コピーが画面の辺すれすれから始まるのは断裁で切れる場合があるのでタブー。

見やすくするためにグループ化した。だが、それぞれがバラバラになり、流れが途切れ途切れになってしまった。分断されると読みづらくなる。

長い文章ばかりでレイアウトしたもの。きわめて読みづらい。読む人のためには1行26文字をめどにし、グループとグループの間を空けた方がよい。

3／チラシデザインの発想法

4.チラシレイアウト技法

●思いっきりのよさ

画面一杯に英文で描かれたデザインは限りなく装飾的である。赤い文字は目立っているがそれよりも、黒の文字が印象的に配置されている。また、オレンジの色が目に入るように計算されており、この画面の役割は十分果たしている。思いっきりのよさが、インパクトを強めている。
提供＝ブラオヴィーゼ

この3枚のチラシはハガキサイズである。商品に添えられていて、商品の説明的な機能になっている。おいしくお茶を飲むための情報を、気のきいたコピーで表現している。
提供＝うおがし銘茶

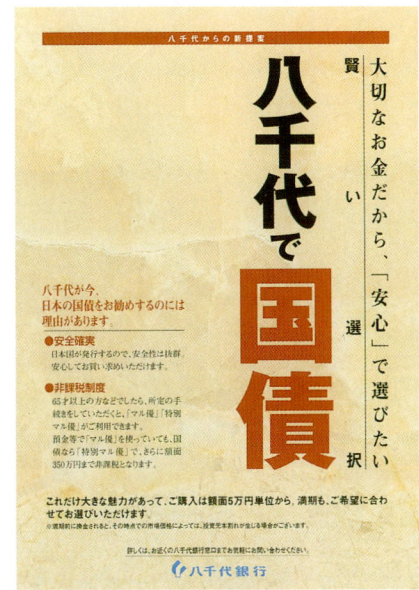

文字の持つメッセージ性を前面に出し、決して浮いた感じにならないよう配色に工夫がなされている。信用を持たせる効果が発揮されている。
提供＝八千代銀行／共同印刷(株)

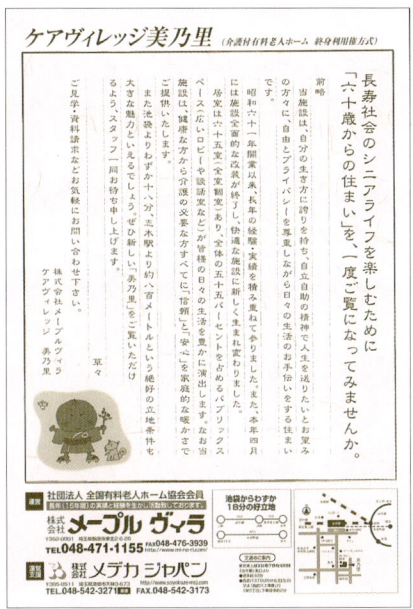

日本の書体は、縦書きにした時に美しい流れを生み出す。じっくりと読ませたいというねらいが、謙虚な姿勢として感じられる。
提供＝ケアヴィレッジ美乃里／(株)メープル・ヴィラ

◇課題11◇
文字だけのチラシ

[条件]
① 割烹料理店用チラシを作る
② コピーと色のみ使用する
③ A4のケント紙（P6のフォーマットを確認）で縦横は自由、必要であれば和紙などの使用可
④ 使用画材は製図ペン、色鉛筆、定規、コンパス、テンプレート、パソコンなど、何でも使用してよい
⑤ 制作時間は5時間

[制作上の注意]
① 店は既成のものでもよいが、具体的に決めておく
② 大切なことは、イメージに合ったいい書体を使うことである
③ 書体は書体見本を参考にする
④ サムネールは10個は欲しい

3／チラシデザインの発想法

4.チラシレイアウト技法

●空間をとる
このA1判というきわめて大きなチラシは、目一杯大きな写真で埋めつくされている。下手をすれば見る人に圧迫感を与えかねない。そこを中央の白の部分が防いでいる。密度が高い画面に、こうした空間をとると、ゆとりをもたらす効果が生まれる。この空間をどうとるかが、ポイントである。
提供＝イトーヨーカドー

8 空間のとり方と罫線

●空間の取り方

画面を構成する時に、どのように空間を取るかということは、しっかり頭に入れておかなければならないことである。画面の中で、空間が果たす役割は、ゆとりを生み出すということである。このゆとりとなる空間をホワイトスペースと呼んでいる。

この空間がないと、画面に流れを作ることができず、視覚誘導がしづらくなる。また、びっしり詰まっていると、見る人に圧力を加え、嫌がられる原因となる。さらに、間の取り方は、美的効果に大きな影響を与えるということである。このことは絵画や建築、音楽や話し方にさえ言えることだ。

入れる要素が多い時は、特に気を付けなければならない。隙間なく入れるのがデザイナーの仕事ではなく、どのように隙間を作るかがデザイナーのすべきことだ。

□ホワイトスペース□
white space

画面にデザインエレメントが隙間もなくレイアウトされると、息苦しさを感じる。この息苦しさを和らげるのが、ホワイトスペースである。
レイアウトデザインの基本は、どのようにホワイトスペースを生み出していくかである。作業の重点はエレメントで埋めることではなく、何も入れない部分をどう作り出していくかなのである。レイアウトがうまいと言われる人は、このホワイトスペースの作り方、とり方が優れている。
ホワイトスペースと余白は違う。余白は余ったスペースであり、計算されて作られたわけではないから、美的ではない。ホワイトスペースは、美的な効果を生み出すものである。
よく、あれもこれも載せたいということで、メッセージが溢れてしまうことがある。ホワイトスペースもなく、どこから読んだらいいのかさえ分からないこともある。読みづらいばかりでなく、美的ではない。

分割の構成を使ってレイアウトされているので、しっかりしたイメージがある。しかし、密度がありすぎて、息苦しく感じられる。

入れるものが多過ぎる時は、もう一度全体を見直し、削除することも必要なことだ。読まずに捨てられるより、空間を作って読みやすくした方が良い。

空間を作った方が確かにゆとりが感じられ、見る人にやさしい効果が得られる。しかし、漠然と空いている空間はだらしがなく見える。

緊張感を出すために、抜けていく場所に抑え（ここではロゴマーク）を置くと、たちまち緊張感のある空間になる。この抑えはどんなものでもいい。

3／チラシデザインの発想法

4. チラシレイアウト技法

●罫線はメリハリになる

黒の画面に、縦横2本のオレンジのケイ線が入っている。このケイ線の効果は大きい。もし、このケイ線がなければ、少しだらけた雰囲気になってしまうからだ。この2本のケイ線がもたらしているのは画面に対するメリハリである。黒に対するオレンジの配色もまたいい効果となっている。
提供＝齋藤真知亜

●ケイ線の利用

　線は平面を構成するデザインエレメントとして、点や面（形）と共に重要な役割を果たしている。線が持っている機能を最大限に利用することが大切だが、まとまりがつかない時には、ケイ線を使う。ケイ線は、ものとものを分ける際の分割線にもなり、境界を明確にする。また、アンダーラインのようにその部分のコピーを強調する際にも役立つ。

　全体に緩慢な感じがするレイアウトの時、ケイ線を用いて、画面にメリハリを付ける。メッセージを内容別にグループ化し、重要度に従い配置する。ケイ線でグループの境界をはっきりさせる。

　また、特に注意を引かせたい部分は、ケイ線で囲み、周囲から独立させるといい。ケイ線で囲まれた部分には、目が行きやすい。

　面を複数に分割することによって、多少見づらくなるが、平面構成としての変化に富んだ効果が得られる。

文字の大きさに多少の差があるものの、こうしたレイアウトは何を言いたいかが分からない。

ヘッドコピーだけでも強調してやれば、何のチラシであるかがはっきりしてくる。

さらに、グループ化するために、2本のケイ線を使う。文字を抜いて小見出しが目立つようにする。

囲みケイは、そこだけを独立して見させることができる。特に強調する部分に適している。

画面全体を囲んでしまえば、かなりしまった感じになる。ただし、堅苦しい雰囲気が出てくる。

小分割のためのケイ線として使えば、ケイ線が装飾的役割を果たし画面に変化が生まれる。

◇課題12◇
面分割を使ったチラシ

［条件］
①イベント用チラシを作る
②イベントは学園祭や地域の文化祭のようなものを考える
③イベントの目玉をしっかり決めて制作
④分割は「小分割」で行う
⑤A4のケント紙（P6のフォーマットを確認）を縦位置で使用
⑥使用画材は製図ペン、色鉛筆、定規、コンパス、テンプレート、パソコンなど、何でも使用してよい
⑦制作時間は5時間

［制作上の注意］
①分割された面の中に、行われる演し物や模擬店などの情報を入れる
②イベント名、キャッチコピーを必ず入れる
③サムネールは10個は欲しい

3／チラシデザインの発想法

5 配色技法

デザインにおける色彩の効果は極めて大きいものがある。人間がものから受ける心理的に影響が強いものの中で、色はトップと言っても過言ではない。それだけ効果が大きいものだけに、使い方を間違えると、ねらっている効果が出ないばかりか、悪いイメージを与えかねないことにもなる。

これまで、色のマンセルやオストワルトといったシステムがあったが、それらは色の表色に関するシステムで、決して配色とイメージを結び付けるものではなかった。色もまたメッセージであることから、チラシの持つメッセージをどのように色に置き換えるかが、必要になってくる。

これまでのシステムでは補えない配色に対して、イメージチャートが考案された。このイメージチャートは、色の持つ物理的な性質、質量、エネルギー、時間をそれぞれ軸として作られている。イメージの性質をこの表に合わせることによって、ふさわしい配色を求めることができるようになっている。

カラーイメージチャート（P128の奥付を参照）には、あるイメージを作るためのカラーパレットが選定されている。そこにある色を選んで配色することによって、伝えたいメッセージを表現することができる。

配色は個人の色彩感覚に任せるものではなく、メッセージにふさわしい的確な配色を行うことが求められている。したがって、配色における特別な能力を持たなくても、誰でも的確なカラーメッセージを作ることができるようになったのである。

配色の工程は、企画で打ち出されたコンセプトを元に、伝えたいメッセージをできるだけシンプルにするところから始める。表現したいイメージをイメージ言語（視覚言語）にし、該当するイメージ言語を選択する。そこにあるカラーパレットから色を選び、コントラストなどを考慮しながら配色を行う。印刷はCMYKの値になっている。

□印刷インク□
print ink

印刷はインクによる発色を利用している。このインクは透明感があり、基底材の色に影響される。一般的に、白い紙の上に印刷するが、その白さがあって初めてそれぞれの色が見えてくる。普通の印刷インクで黒い紙の上に印刷すれば、ほとんど発色しないので、色は見えない。印刷インクは、染料が使用されている関係で、発色は非常に良く、かなり鮮やかな色の再現ができるようになっている。

しかし、染料であるために光に弱く、褪色性（色が褪せていく現象）が高い。これは、印刷物が装飾性があまりないということを意味している。装飾性を持たせる時は耐光性の強い顔料系のインクを用いて印刷する。

普通印刷インクは、4色のかけ合わせで色を発色させている。

C（シアン＝青）
M（マゼンタ＝赤）
Y（イエロー＝黄）
K（ブラック＝黒）

この4色のそれぞれのパーセントによって出てくる色が違ったものになる。指定の時は、CMYKの順にパーセントの数字を付ける。また、コンピュータで作業する時も、CMYKの値を指定しながら色を決めていく。

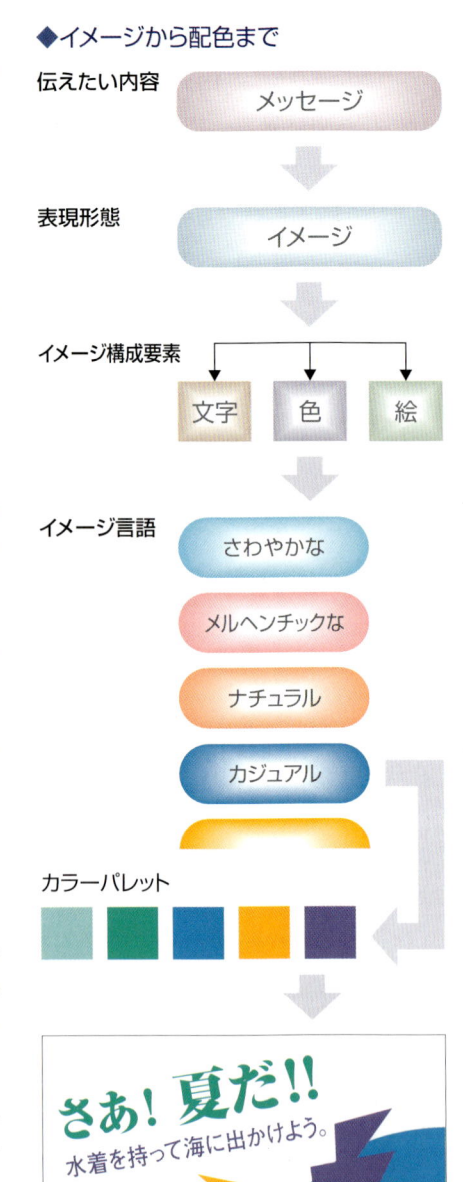

◆イメージから配色まで

伝えたい内容 → メッセージ

表現形態 → イメージ

イメージ構成要素 → 文字　色　絵

イメージ言語 →
- さわやかな
- メルヘンチックな
- ナチュラル
- カジュアル

カラーパレット

伝えたいメッセージのイメージを決めれば、イメージチャートによって配色は簡単に決められる。

3／チラシデザインの発想法

5.配色技法

◆イメージチャート

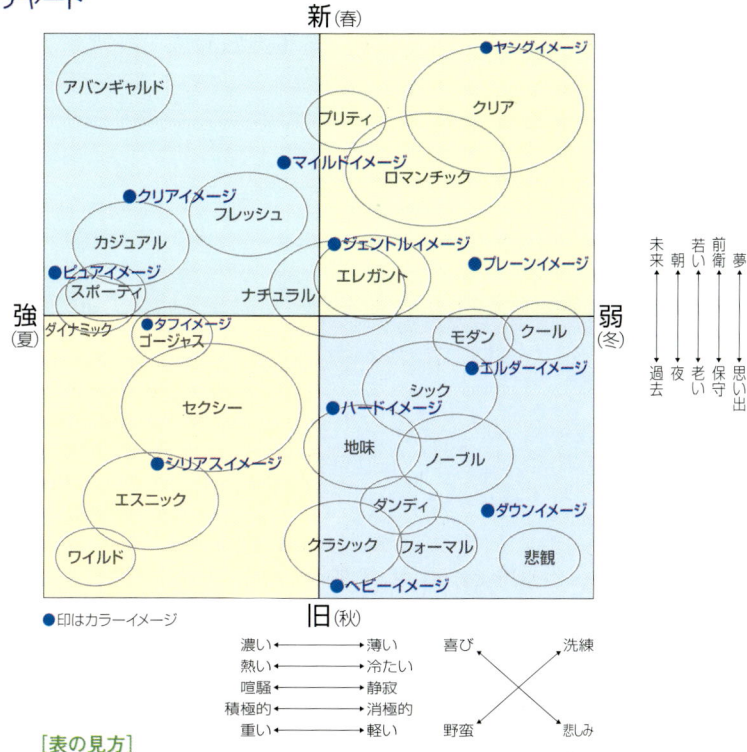

新(春)

アバンギャルド
プリティ
ヤングイメージ
クリア
●マイルドイメージ
ロマンチック
●クリアイメージ
カジュアル
フレッシュ
●ジェントルイメージ
●ピュアイメージ
スポーティ
ナチュラル
エレガント
●プレーンイメージ
強(夏) ←――――――――――――→ 弱(冬)
ダイナミック
●タフイメージ
ゴージャス
モダン
クール
●エルダーイメージ
シック
セクシー
●ハードイメージ
地味
ノーブル
●シリアスイメージ
エスニック
ダンディ
●ダウンイメージ
クラシック
フォーマル
悲観
ワイルド
●ヘビーイメージ

旧(秋)

●印はカラーイメージ

未来　朝　若い　前衛　夢
↑　　↑　　↑　　↑　　↑
↓　　↓　　↓　　↓　　↓
過去　夜　老い　保守　思い出

濃い ← → 薄い　　喜び　　　洗練
熱い ← → 冷たい
喧騒 ← → 静寂
積極的 ← → 消極的
重い ← → 軽い　　野蛮　　　悲しみ

[表の見方]

あらゆるものを宇宙の組成の原理である時間とエネルギーの関係で捉えるためのチャートです。時間軸は、上(＋)に行くほど未来を示し、中央(0)が現在、下(－)へ行くほど古さを表しています。横軸はエネルギー軸で、左に行くほど強く、右に行くほど微弱になります。例えば、積極的な人は、エネルギーが強く左寄りに位置します。逆に消極的な人はエネルギーが弱く右寄りに位置します。

©HARU-IMAGE

●エネルギー軸と時間軸

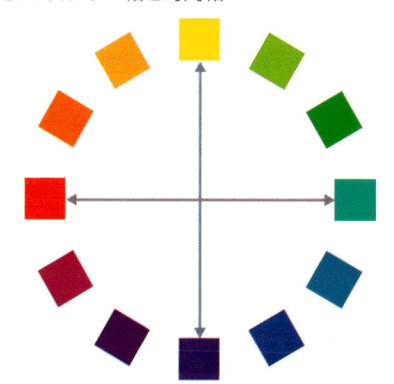

ピュアイメージカラー(純色)をイメージチャートに割り当てるとそれぞれの色が持っている性格が分かる。これは色相の関連も示している。

●色との関連

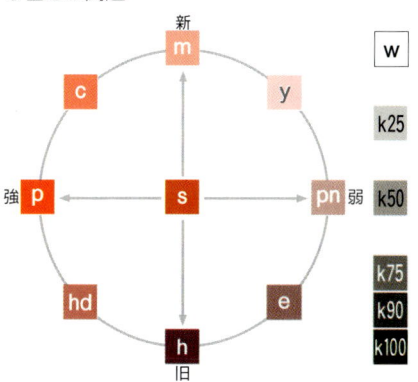

新
m
c　　y　　w
　　　　　k25
強 p　s　pn 弱　k50
　　　　　k75
hd　　e　　k90
　　　　　k100
h
旧

各イメージカラーをイメージチャート上に乗せると上図のようになる。それぞれのイメージが持っている性格が確認できる。

◇課題13◇
子ども向けチラシ

[条件]
①遊園地のためのチラシを作る
②遊園地は実際にあるものを使用する
③子供をターゲットにしたもの
④子供が喜ぶウリのイベントも考える
⑤A4のケント紙(P6のフォーマットを確認)を縦位置で使用
⑥使用画材は製図ペン、色鉛筆、定規、コンパス、テンプレート、パソコンなど、何でも使用してよい
⑦制作時間は5時間

[制作上の注意]
①子供を持つ親がターゲットではなく、あくまでも子供にあてたメッセージにする
②楽しい雰囲気をつくるため、色使い、イラスト、写真(印刷物でも可)、コピーを子供の気持ちに合うように作る
③サムネールは10個は欲しい

83

3／チラシデザインの発想法
5.配色技法

●白抜き文字は美しい
青みと赤みの配色が現実離れしたイメージを作っている。この2色の明度はかなり低いので、明度の高い色は視認性がある。ここでは白と黄が、効果的に使われている。特に白は画面が淀むのを防ぎ、透き通って空気を感じさせるのに役立っている。
提供＝シネカノン／シネ・アミューズ

1 色の視認性

配色によっては、文字が読みやすくなったり、読みづらくなったりする。例えば、黄の地に白の文字という配色では、ほとんど字を読むことができない。これは、黄も白も明度が高く、2色の差がほとんどないからである。逆に黄色の地に黒の文字の配色は、コントラストが強く、はっきりと読むことができる。これを色による視認性と呼んでいる。

視認性が高い配色は、明度差が強いものになる。キャッチコピーなどは目立つことが要求されるが、視認性の高い配色をすればいいということである。

しかし、視認性が高いからといって、いつも地を黄にして、黒の文字ばかりを使うことはできない。配色には、それなりのイメージがあるからだ。白地や黄地に赤の文字がよく用いられるのは、視認性が高いこともあるが、赤が持っている誘引性も影響している。

◆読みやすい例

ただいまAPPLE50%割引中！
白地（その他の明るい色でも同じ）に暗いグレーは目になじみやすい。読ませたい文章の場合に適している。

ただいまAPPLE50%割引中！
ベージュのような薄い色の地には濃い色、暗色の文字が読みやすい。目立たせたい時は明度の低い純色が適している。

ただいまAPPLE50%割引中！
黄地に黒の文字のようなコントラストの強い配色は、もっとも視認性は高いが目に強すぎる。目立たせたい場合に効果的。

ただいまAPPLE50%割引中！
明度の低い色の地には、白抜き文字も効果的である。清潔なイメージで目立つので、人に与える印象もよい。

◆読みづらい例

ただいまAPPLE50%割引中！
白地に黄の文字のような明度の高いもの同士の配色は、判読できないほど可読性が弱まる。

ただいまAPPLE50%割引中！
クリームとピンクはヤングイメージカラーで、若々しいイメージだが、同一のイメージカラーに属する色同士は読みづらくなる。

ただいまAPPLE50%割引中！
緑と赤は補色同士である。補色同士はもっとも反発し合うので、ハレーションを起こし読みづらくなる。

ただいまAPPLE50%割引中！
黒地に黄の文字は元来は視認性は高いが、黄の分量が少ない場合はコントラストの強さから読みづらくなる。

□金赤（きんあか）□
vermilion

日本のチラシの中でもっとも多く目に付くのが金赤と呼ばれる鮮やかな赤である。この色は、色彩でいう赤ではなく、朱色に近い。M100%、Y100%という混色比である。つまり黄が入っている分、オレンジに近いのである。この色はヨーロッパではバーミリオンと呼ばれている。赤系で、もっともエネルギーに富んでいる色なので、人の目を捉える。
日本は古来から朱色を好んできたと言われている。明るく、朗らかで情熱的な性質の朱色は、配色の中心に位置している。ただし、使いすぎは、全体に軽薄な雰囲気にしてしまう。配色の時に、いかにこの金赤を効果的に使用するかを考えて、できるだけ、使う場所を狭くした方がよい。

3／チラシデザインの発想法

5. 配色技法

●赤と矢印の力

このチラシはシンプルで、しかも白地が目立っている。にも関わらず、インパクトがあるのは、赤と矢印によるものだ。右下のOPENの文字が小さくてもくっきり見えるのは、そのためである。このシンプルさが「？」を作り出し、チラシへの興味を高めている。
提供＝P.S.FA／はるやま商事（株）

2 色の誘引性

色は人の目を引き付ける力が強いものと、弱いものがある。これを色の誘引性と言う。文字の誘引性を高めることによって、人の目を捉えることができる。特にキャッチコピーには誘引性の高い色が用いられることが多い。誘引性の高い色は、寒色系より暖色系の色であり、特に赤は、色相の中でもっとも誘引性が高い。

赤はイメージチャートでは、もっともエネルギーが強い色であり、その強さで人の目を引き付ける。オレンジや黄も誘引性が高い。しかし、黄が強いからといっても、視認性の項目で述べたように、下地の色が明るい色の時は効果を失う。

緑と赤は補色同士である。この2色の配色はハレーションが強く、それだけで目立つ。こうした理由から補色同士の配色も誘引性があると言える。

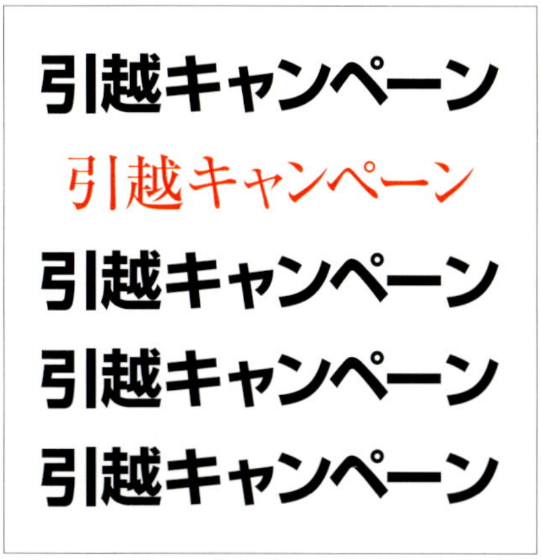

一般的にはゴシック体の方が、インパクトは強い。しかし、書体を小さくして誘引性の強い赤にすると、目はそこに引き付けられる。

バクダンを赤と緑で塗り分けた。赤と緑は補色同士なので、ハレーションを起こす。かなり強烈なので、目はそこに引き付けられる。

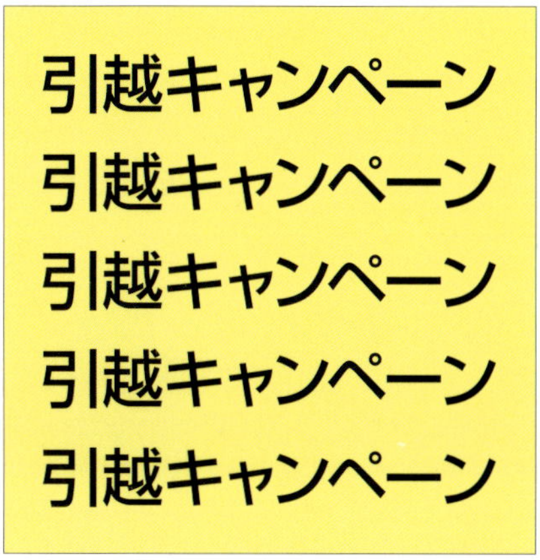

黄の地に黒の文字は視認性が高い。それと同時によく目立つ。この場合はこのスペース全体が目に止まる。交通関係で黒と黄がよく使われる理由である。

同程度の明度、あるいは同じ色の時は、袋文字にしそのパターンを独立させればそこに目が行く。これを色のセパレーションと言う。

◇課題14◇
誘引色を使ったチラシ

[条件]
①店のオープン告知用のチラシを作る
②店は洋品店とし、詳細は自分で決める
③店のターゲットを決める
④オープン特別サービスも考える
⑤A4のケント紙（P6のフォーマットを確認）を縦位置で使用
⑥使用画材は製図ペン、色鉛筆、定規、コンパス、テンプレート、パソコンなど、何でも使用してよい
⑦制作時間は5時間

[制作上の注意]
①誘引色を使うので、その色がもっとも目を引かせたい部分に使うこと
②写真、イラストは自由
③オープンの時期を考慮しそれを生かすこと
④サムネールは10個は欲しい

85

3 色の固有イメージ

●黄と黒の関係

黄の地に黒の文字、この関係がもっとも視認性が高い。視認性が高いということは、目立つということである。この境サティのチラシには100円均一の文字が浮き出るように工夫されている。黄と黒を他のチラシでも使えば、もううるさくて仕方がない。タイミングを図ることが必要な配色でもある。

提供＝㈱マイカル

色にはそれぞれ固有のイメージがある。色が持つイメージは、イメージチャートにあるような物理的なものが心理に作用してできたものと、昔からの習慣の中で根付いたものがある。しかし、赤は情熱というようにその両方が作用して定着しているものも多い。

その固有イメージを使って、企業の個性とか商品の印象を浸透させることができる。それは、差別化にもつながる。それは、企業における経営戦略の中でもかなり重要な位置を占めている。CI（コーポレートアイデンティティ）という形で、展開されている。

固有イメージはそれぞれピュアイメージカラー（純色によるイメージ）が元になっている。例えばピンクは赤というピュアイメージカラーに未来（若い）を作る白を混ぜて作られているため、若々しい情熱をイメージする色になる。

□カラーメッセージ□
message by the color

色を一つの言語として扱う考え方。色の持つメッセージ性は、イメージチャートによって説明がつく。明快な言葉としてのメッセージではなく、イメージを伝えることが可能である。

また、色は1色で存在しているわけではなく、配色によってイメージを作り上げている。このイメージは、作品のもっとも重要なものであるが、色は直接的に見る人にそれを伝えていく。

色の使い方は、その人のセンスによるものではなく、言語に意味があるように、配色にも意味があるので、それを基本に配色を行っていく。

色のメッセージ性を利用して、CI（コーポレートアイデンティティ）なども行われなければならない。なぜその黄色を使ったか、という問いに対して、こういうメッセージを伝えたかったから、という答えしかない。

そのため、色はイメージ言語であると言われている。

◆色が持つ固有イメージ

カラー	色記号	色名	固有イメージ
赤	p1	赤	情熱的、興奮、活動的、熱い、派手、わがまま
朱	p3	朱	燃えるような、熟した、熱い、神聖な、派手、辛い
橙	p5	橙	美味しそう、温かい、陽気な、お茶目な、穏やかな、平凡な
黄	p7	黄	陽気な、明朗な、笑顔、楽しい、軽薄な、危険な
黄緑	p9	黄緑	若々しい、希望的な、平和な、明快な、憂鬱な、沈静
緑	p11	緑	安全な、平和な、聡明な、新鮮な、深遠な、落ち着いた
青緑	p13	青緑	懸命な、聡明な、冷静な、希望的な、厳粛な、静かな
緑青	p15	緑青	冷たい、希望的な、理想的な、シンプルな、清澄な、みずみずしい
青	p17	青	希望的な、優雅な、気品のある、青春、夢のような、遙かなる過去
青紫	p19	青紫	高貴な、貴重な、気品のある、深遠な、神聖な、夢のような
紫	p21	紫	女性的な、上品な、おしゃれな、高貴な、温情のある、隠された
赤紫	p23	赤紫	優美な、甘美な、セクシーな、熱烈な、可愛い、若い

東急ハンズは深い緑がコーポレートカラーになっている。健康的で、安全で、平和なイメージがある。ロゴは白抜きで、美的な効果を出している。この色が基調となって全体をしまったものにしている。

提供＝東急ハンズ 渋谷店

3／チラシデザインの発想法

5.配色技法

●1色が全体を支配する

車体の赤が美しい。この赤が、帽子や日付け、数字にも少量使われている。画面全体のイメージはこの赤によって支配されている。ポイントカラーはデザインを決定づける重要な色である。ハンドルの青とフォルクスワーゲンのマークの青を際立たせている。
提供＝フォルクスワーゲン

4 ポイントカラー

　チラシをデザインする時に、まず画面の中でもっとも重要な場所はどこかを、自分の中で決めることが大切だ。その部分があるために画面に生命力が生まれる。その場所をポイントと呼んでいる。ポイントは構図的に全体を締める場所であり、画面の要に当たる。

　ポイントを設ける場所はデザインによって異なるが、あり得ないのは、画面の端に置くことである。ここに置いてしまうと全体に対しての影響が弱まってしまう。もっともよく使われる場所は中心をずれて、下か上に置かれているものである。もちろん、ど真ん中でもいいが、フォーマルなイメージが平凡になる。

　ポイントに使われる色がポイントカラーである。全体にメリハリを付ける色であり、その色がなかったら、その作品の生命力が弱まってしまう。一般的にポイントカラーは彩度が高く、誘引性も高いものが多い。

画面全体は青系が支配しているように見えるが実際には、赤が全体のイメージを決めている。

さわやかなイメージの画面に、薄い黄でリズムを作っている。この黄がおいしそうなイメージを生んでいる。

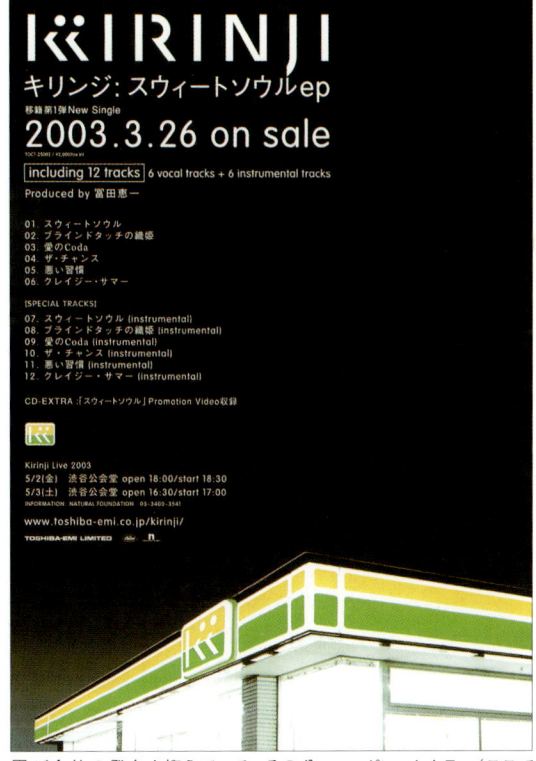

黒が全体の発色を抑えている。その分、コーポレートカラー（ここではこの2色がポイントカラー）が目立つようになっている。
提供＝東芝EMI(株)／Capitol Records Co.

◇課題15◇
ポイントカラーを使う

[条件]
①ポイントカラーを使った企業のイメージアップ用チラシの制作
②企業は自分で決めてよいが、その企業のコーポレートカラーは決められているものを使う（例―コカコーラ：赤）
③イラストや写真をメインにし、コピーは少なめにする
④同時開催のキャンペーンを考え、それを記載する
⑤A4のケント紙（P6のフォーマットを確認）を縦位置で使用
⑥使用画材は製図ペン、色鉛筆、定規、コンパス、テンプレート、パソコンなど、何でも使用してよい
⑦制作時間は5時間

[制作上の注意]
①ポイントカラーより強い色を使わないように注意する
②写真、イラストは自由
③サムネールは10個は欲しい

3／チラシデザインの発想法

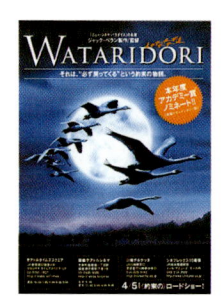

5.配色技法

●生命感を与えるもの
青系の画面の中を渡り鳥が飛んでいる。月の白さが冷たく感じられる。しかし、右上のオレンジの色が、全体を生き生きとさせている。この色はアクセントカラーである。もし、この色がなかったら冷たいままのイメージだった。少量のアクセントカラーが生命感を与えるのである。
提供＝日本ヘラルド

5 アクセントカラー

配色でもっとも注意しなければならないのは、画面全体が平滑な感じにならないようにすることである。色味が近いとか、明度が近いもの同士の配色では、よく淀んだような感じになる。一色ずつはキレイな発色でも、全体が合わさった時にこの現象が起きる。

このように色の調子が平滑になってしまった時、全体の色合いの対極にある色を少量加えることで、画面に精気をもたらすことができる。この色をアクセントカラーと呼んでいる。アクセントカラーは、もっともコントラストのある色か、反対色（補色）に近い色が適している。例えば、全体が暗い緑の配色の場合、彩度の高いピュアな赤を少量画面に入れると、画面が生き生きしてくる。

入れる場所は、あまり端にならない、中心部以外の場所が適している。ある部分ポイントカラーに共通している。

□嗜好色□
gusto color

人にはそれぞれ異なる好きな色がある。それを嗜好色と呼んでいる。
嗜好色は決して、自分に似合う色というものではない。嗜好色はあくまでも自分が好きな色である。嗜好色は、変化していく。幼児の頃より、成人に至るまで何度か変化する。高年齢になるにしたがって定着してくる。
ただ、国民の平均的嗜好色は、不思議と一定している。しかもそれは世界的に共通している。たとえば、日本では赤が嗜好色のトップであるが、これは世界のほとんどの国が同じである。2位は青というのも変わらない。したがって国や民族によって嗜好色が違うということはない。
嗜好色をうまく使うことによって、好感を持ってもらえる。ただし、全員がその色を好きなのではなく、あくまでも平均値であることに違いない。年代によっても異なるので、ターゲットによって使用する色を選択することが基本である。

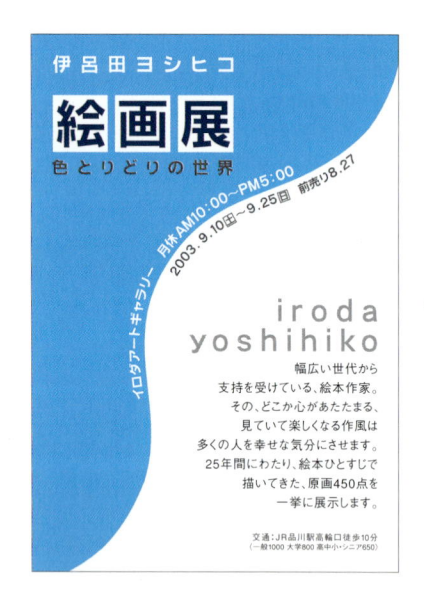

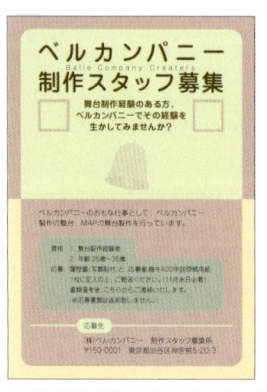

上のチラシ（絵画展）の場合は、曲線を使い動きはあるが、単調な雰囲気がある。そこで生き生きとさせるため、反対色（補色）でチューブをアクセントとして入れた。下のチラシもコントラストの強い写真を入れた。

●同系色の力

オレンジ系だけで配色された画面は、温かさと、滋養に満ちたイメージを作り出す。ローヤルゼリーの芳醇な香りまで感じられそうである。同系色をまとめると、それだけその色が持つメッセージ性が強まる。ここでは黒を使わずこげ茶で全体を締めている。美的効果の高いチラシである。
提供＝(株)山田養蜂場／(株)博報堂

6 統一感とイメージ

折り込みチラシは、目立とうとするためか赤を中心としたイメージとしては、カーニバルの配色になっているものが多い。それを一枚取り上げれば十分目立つのだが、周りもカラフルな状況の中では、逆に影が薄くなる。

そこで、色味を絞って画面に統一感を出し、他のチラシとの差別化を図ることが考えられる。色味を統一する場合、もっともシンプルなのは同系色を使うことである。同系色を使うことによって、チラシの面積全体からその色のイメージだけが前面に出てくるので、カラフルな環境では十分目立つ。

もう一つの方法は、3原色（赤黄青）から1色除いて配色するものである。もちろん、部分的に2色以外の色をほんの少量だけ使用してもいい。赤と緑のように3原色以外の配色になってもかまわない。統一感を図ることは強いイメージを作るための手段でもある。

オレンジ、青、緑の3色が配色されている。カラフルでにぎやかに見える。その3色が浮かないようにグレイの部分を大きくとっている。

全部を同色にした場合、色味は統一されるが、単調となる。2色刷りの場合でも、その2色によるかけ合わせなどして色味の幅を広げた方がよい。

緑を前面に使ったが、それぞれの色の濃淡を変えた。面に奥行きができて、単調さがなくなり、新鮮な刺激となっている。

下地にオレンジの帯を敷いた。グレイの部分が浮き出してくるような感覚が生まれ、変化に富んだ画面になった。左下のオレンジがポイントになっている。

◇課題16◇
同系色だけを使う

[条件]
① 同系色だけを使ったCD発売用のチラシを制作
② ミュージシャンは自分で決める
③ CDのタイトルは既成のものを使用する
④ イラストや写真をメインにし、コピーは少なめにする
⑤ そのアルバムのセールスポイントは自分で考える
⑥ A4のケント紙(P6のフォーマットを確認)を縦位置で使用
⑦ 使用画材は製図ペン、色鉛筆、定規、コンパス、テンプレート、パソコンなど、何でも使用してよい
⑧ 制作時間は5時間

[制作上の注意]
① 同系色以外の色は少量にとどめる
② 写真(印刷物を利用しても可)、イラストは自由
③ サムネールは10個は欲しい

3／チラシデザインの発想法

5.配色技法

●色は個性を主張する

このB6判という小さなサイズのチラシはそれでも、きちんと自己主張をしている。赤とオレンジが作り出す、健康的なイメージは十分伝わってくる。ここでは、ギフトカードのPRが目的だが、同時に企業としてのイメージを見る人に印象付けようとしている。
提供＝タワーレコード（株）

7 色による差別化

　企業のイメージ戦略の中心は、使用する色（コーポレートカラー）を常に一定にすることである。その配色を見ればその企業を思い出すぐらい、強い効果を発揮する。固有色のところでも述べたが、色の持つ固有のイメージを利用することによって、他社との差別化が図れる。

　例えばある企業が赤のイメージを採用しているとしよう。単なる赤ではなく、安定と信頼感を持たせるため黒を10％混ぜた色をコーポレートカラーにする。その赤は、その企業しか使わないので、よく見られる赤ではなく、個性化された赤として感じられる。

　チラシで使う色を限定し、常に同じ配色でデザインする。見る人は、企業名を確認するまでもなくその企業を思い出すようになる。この場合、使用するレイアウトや題字の出し方なども統一を図る。

□コーポレートカラー□
corporate color

企業のイメージを統一するために、制定している色。CI（コーポレートアイデンティティ）による企業のイメージ戦略の一環で行われる。多くの場合、1色決めているのではなく、時には2色以上の場合もある。中心的な色をメインカラー、補助的に使用する色をサブカラーと呼んでいる。いずれにしても、配色によってイメージを作ろうという意図が働いている。
コーポレートカラーは、会社の精神、使命、信念などから選ばれる。単に目立てばいい、というような考えではない。
その結果、他の企業と差別化が図れる。もちろん、その色を認知させ、浸透させる努力を企業はしなければならない。
色の混色比、配色のルール、使用マニュアルなどによって色がでたらめに使われることを防止しなければならない。
その色を見るとその企業を思い出す。ブランドに直結しているので、軽く扱うことはできない。コーポレートカラーは企業にとっては経営戦略に関わる重要なものであるといえる。

auはオレンジがコーポレートカラー。白との配色効果により、健康で暖かいイメージを作っている。このチラシでは、家族を意識して、黄が朗らかな効果を出すために使われている。
提供＝KDDI（株）

Jフォンのコーポレートカラーは赤と青。このイメージは青年のものであり、クールな印象を与える。このチラシでは色味を抑え中央の青の白抜きのロゴに目が行くようになっている。
提供＝J-フォン（株）

4／印刷と配布

コンピュータは人がやっていたことを代わりにやってくれる。
デザインから印刷までの流れは見事なまでに、
省力化してくれた。
しかし、仕事や手間が減ったわけではない。
かつてはしなくてもよかった新たな仕事が増えている。
コンピュータは人を楽にしてくれるわけではない、
ということがようやく分かってきた。
チラシ作りは、人と人とを結び付けるメッセージ作り。
少しでも感動してくれる色や形や紙を使って、
印刷は相手に伝わりやすいクォリティーで仕上げてくれる。

(1) ラフスケッチの制作

(2) デザイン指定と印刷

(3) 印刷原稿・データの入稿

(4) 校正

(5) 配布

4／印刷と配布

1 ラフスケッチの制作

◆ラフスケッチの制作

● サムネール

サムネールは、アイディアを出していく時に、漠然としているイメージを目で見ながら、検討していくもの。それほど大きいものでないが、できるだけ異なるレイアウトを考える。

□サムネール□
thumbnail

サムネールとは親指の爪ほどのスケッチという意味である。実際には親指の爪ぐらいの大きさでは見えない。

デザインをする時に、まずアイディアを出す。そのアイディアは頭の中に入っている。頭の中に入っているアイディアを引っ張り出してくるのがサムネールの役割である。

決して大きいサイズである必要はない。また、統一された大きさがあるわけでもない。その人がアイディアを出しやすい大きさなら何でもいい。

一般的には5cm四方のサイズからハガキサイズぐらいまでの開きがある。サムネールはイメージを固めるためものであるから、きちんとした枠がなくてもいい。使用する画材はまちまちだが、鉛筆、色鉛筆、ボールペンなどがよく使われる。

数を出せばいいというのではなく、そのサムネールと対話をしながら作業を進めていくことが大切だ。サムネールは人に見せるものではないので、自由に伸び伸びと描くことができる。

● サムネールを作る

コンセプトが立てられ、アイディアが固まるといよいよ、それらをビジュアル化する作業に入る。この作業はクリエイティブワークとか表現制作、デザインワークなどと呼ばれ、デザイナーにとっては最終の段階に到達したことを実感する作業となる。

デザインワークのもっとも大切なことは、頭で考えるのではなく、常に視覚を通して制作を進めることである。まず、アイディアを小さなスケッチに描いてみる。これをサムネールと呼んでいる。親指の爪ほどのスケッチという意味である。もちろんそんなに小さいわけではないが、仕上げようとしているチラシの原寸から見れば、かなり小さいものである。

サムネールは一般的に、鉛筆で紙に描かれる。鉛筆によって描かれる形と対話しながらの作業で、漠然としていたイメージが徐々に形を見せ始めるのが、このサムネールである。

形は小さいが、アイディアという全ての原点になる重要なものである。ただ、数を出せばいいというのではなく、種々のアイディアを実験のつもりでまとめることが大切である。場合によっては1点で決まる場合もあるし、100点描いてもまとまらない場合もある。

サムネールをいきなりコンピュータのモニター上で作る人もいる。やりやすい方法でやればいい。しかし、手で描き出されるあいまいな形やレイアウトの方が、可能性が広がっているということで、鉛筆で描くことを勧める人が多い。

色を付ける場合も、色鉛筆のようなあいまいな着彩が気軽にできる画材が向いている。できれば、簡単に消しゴムで消せる色鉛筆が使いやすい。コンピュータでやった方が早い部分もあるが、コンピュータでは形が決まり過ぎて、そこから別のものに発展させるのが難しいと言われている。

4／印刷と配布

1.ラフスケッチの制作

●レイアウト用紙（グリッド式）

レイアウト用紙は文字通りレイアウトするための用紙である。印刷する際の版下台紙、印刷指定にも使える。グリッドを使うことによって整理されて読みやすいデザインができる。

●ラフスケッチ

作ったサムネールの中からアイディアと迫力を考えて1点を選び、ラフスケッチをレイアウト用紙にする。他で出たアイディアを加えたり、不必要なものを削除したりしながらまとめる。

●ラフスケッチの制作

できあがったサムネールを検討して、3つ程度に絞り込む。サムネールは小さいので、サムネール全体が見渡せるし、それぞれの特徴を比較することができる。比較しながら、整理し、修正し、描き加えながらまとめあげる。

このサムネールを元に、ラフスケッチを作る。サムネールはあくまでもイメージが中心のものであるから、その通りに全てがきちんと収まるわけではない。漠然としていたり、コピーが抜けていたりするので、実際にチラシの体裁に置き換えて見なければならない。そういった意味からすれば、ラフスケッチは、ラフとはいってもかなり完成に近いものになる。

ラフスケッチのサイズは、原寸大のものもあれば縮小サイズのものもある。それは、この段階でクライアントにプレゼンするか、それとも次のカンプで行うかの違いである。この段階でプレゼンを行う場合には、仕上げもより完成に近いものにする。

ラフスケッチを行う紙はどんなものでもいいが、一般的にはグラフ用紙のようなメッシュが入った紙でレイアウトをしながら作業をすることが多い。このやり方をグリッド（格子）式と呼んでいる。別に規格があるわけではないので、担当者が使いやすい形であらかじめプリントしてある。

基本的なレイアウトが毎回変わらない場合には、ロゴの位置やヘッドコピーの位置を入れ込んである場合もある。レイアウトはいかに専用のルールを作るかということなので、レイアウト用紙には、使う人の工夫が目立つ。

グリッド用紙にサムネールのイメージを移していく。サムネールが持っている勢いとか、雰囲気をさらに拡大するような気持ちで、伸び伸びと線を入れていく。この時、入ってくるコピーの分量や大きさを、可能な限り正確に把握しながら作業を進め、グリッドを利用しながらレイアウトをまとめていく。

4／印刷と配布

2 デザイン指定と印刷

●カンプの制作

　ラフスケッチは、一般的にアートディレクターやコピーライター、カメラマン、デザイナーといった制作グループのためのものである。グループの全員がそのイメージを確認し、必要なデザインエレメントをそれぞれが制作する元になる。

　続いて、決まったラフスケッチをカンプに起こす作業が始まる。このカンプこそが、クライアントに見せるためのものなのである。

　カンプはほとんどコンピュータで作られるが、時と場合によっては手作業で制作されることもある。さらに可能性を追求するにはその方が適していると言われている。しかし完成に近いものが要求されることが多い。

　このカンプはクライアントに作品を説明する場（プレゼンテーション）に提出される。ここで、クライアント側から了解、あるいは修正の指示が出される。大きな食い違いが生じた場合には、やり直しになる場合もある。

◆カンプから印刷指定までの流れ

カンプ

カンプはクライアントに見せるため、仕上がりに近い状態で作る。最近ではコンピュータでプリントすることが多い。カンプが承認されると、ふさわしい書体を選ぶ。版下原稿は製版に回されるので、文字はコンピュータで出力し、版下台紙に貼り、その上にトレーシングペーパーをかぶせ、イラストや写真のアタリを指定する。同時に文字などの色指定を書き込む。

フォント選択

リュウミンH-KL
見出ゴMB31
新ゴM
じゅん501

版下・色指定

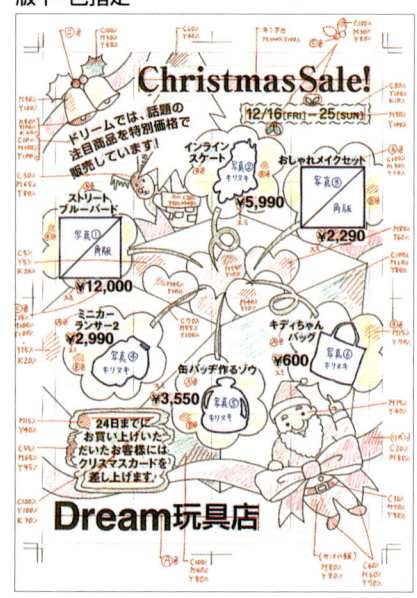

□色刷り□
color printing

　チラシの90％は4色刷りである。最近ではコンピュータによる一貫作業により、印刷コストがかなり安くなっている。すべてをコンピュータでデザイン作業をした場合、製版などをする必要がないので、製版代が節約できる。印刷の設備もまた、機能が高くなって省力化が進んでいるため、印刷のコストはかなり安くなった。ということで4色刷りでもそれほどコストがかからない。その結果、チラシの大部分は4色刷りになった。

　ところが、最近では経済的な理由からではなく、効果をねらって単色刷りにすることが行われたりする。その場合は紙質に凝ったりするので、決してコストが安いわけではない。

　2色刷りは独特の雰囲気を持っている。あるべき色がないような非日常的なイメージになるので、不思議な表現になる。

　4色刷りといっても、すべての色が再現されるわけではない。エメラルドグリーンや冴えたオレンジ、鮮やかな紫は、4色分解で発色するのが難しい。印刷すれば、全体がちょっと濁るのは仕方がない。どうしてもという時は、特色を使って原稿の色に近い色に近づける。

4／印刷と配布

2.デザイン指定と印刷

●印刷指定

カンプがプレゼンテーションで承認が得られると、印刷のための指定が行われる。揃えられた写真のサイズ、加工などの指定、コピーライターから回ってきたコピーの書体とサイズ、イラストレーターから送られてきたイラストレーションの指定、そして配色したものを色指定（CMYKの値で指定）などが、この段階の主な仕事である。

もし、この作業をコンピュータで行うのであれば、そのまま印刷原稿にすることができる。しかし、デザイナーは原稿作成をする時間に新たな仕事に入ることが多く、原稿作成は専門のオペレーターに回される。したがって、ここで行う印刷の指定は、入力処理をしてくれるオペレーターに対してのものである。オペレーターは単なる技術者ではなく、デザインが理解できる人である方がいい。

かつては文字に写植が使われていたが、今ではコンピュータのフォントが使われている。

デジタル用印刷指定

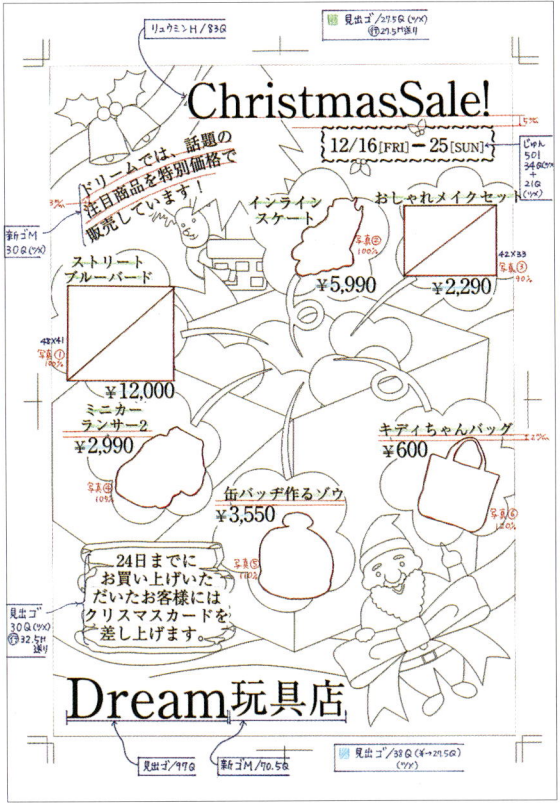

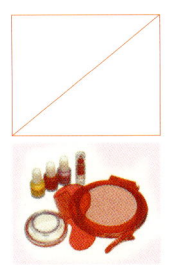

上が角版のアタリ、下がその写真

イラストのアタリ

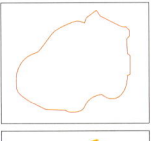

上が切り抜きのアタリ、下がその写真

デジタルで原稿を作る場合はその指定をして、デザインオペレーターに回す。自分でカンプからデジタル原稿まで全てをする場合は、データだけを印刷屋に渡す。この場合でもプリント見本を付けた方がよい。

◇課題17◇
クリスマスセールのチラシ

［条件］
①ファッション小物ショップ用のカードチラシの制作
②クリスマスセールを告知するおしゃれなアドカード
③ショップは自分で決める
④アドカード（ハガキサイズ）の表面、裏面の両方を制作
⑤セールスポイントをしっかり抑え、それを前面に出す
⑥そのカードを持参すると特典があるようにする
⑦A4のケント紙（P6のフォーマットを確認）を縦位置で使用、裏表を1枚にレイアウトする
⑧使用画材は製図ペン、色鉛筆、定規、コンパス、テンプレート、パソコンなど、何でも使用してよい
⑨制作時間は5時間

［制作上の注意］
①全てパソコンで仕上げてもよい
②写真（印刷物を利用しても可）、イラストは自由
③サムネールは10個は欲しい

4／印刷と配布

3 印刷原稿・データの入稿

オペレーターもしくはデザイナー自身が仕上げた印刷原稿は印刷データと呼ばれている。このデータはデザイナーの手を離れ、印刷屋に回されるものである。ほとんどがコンピュータ化されているが、まだコンピュータではなく手作業で作る印刷原稿（版下）で入稿（印刷屋に印刷原稿を渡すこと）することも可能である。

版下は印刷における決まり事に従って作らなければならない。この決まり事は印刷からさらに製本（紙を決めたサイズに断裁することもこの中に含まれる）に至るまで守らなければならないルールである。

コンピュータによるデータで入稿する場合には、データがどのような形式で作られているかを明示しなければならない。これがないと、印刷屋でそのデータが開けられないこともある。また、写真などがデータ化されていない場合、写真とその指定用紙も一緒に入稿する。

かつては、この印刷原稿が製版され、製版フィルムを作り、それを印刷機にかけ印刷が行われていた。しかし、最近ではコンピュータで製版までやってしまうことが多く、場合によってフィルムも作らず、データからダイレクトに印刷されることも行われている。工程が少なくなれば印刷時間が短縮されるし、色の間違いが少なくなる。

入稿する場合に必ずやることがある。それは印刷指示書、あるいは印刷発注書などの作成をする。印刷部数、使用する用紙、使用するインク、印刷面、製本、校正の有無、納期、納品場所、予算などについての指示である。

これらのことは、電話や口頭で言うべきことではなく、きちんとした指示を出さないと色々なミスにつながる。それを避けるためのこれは一種の契約であり、ビジネスとは契約が原則なのである。お互いが、信頼し合って安心して仕事を進めることが、結果的に良いものを生み出していく。

□印刷の種類□
type of printing

現在行われている印刷の大部分はオフセット（平版）と言われるものである。当然チラシはオフセットで行われている。

オフセットは大量に刷る場合に適している。3万を越えるものは輪転式の印刷機が使われたりするが、それもオフセットである。部数が少ない時に使われるのがオンデマンド印刷と言われるもので、これは完全データといって、印刷原稿が全てコンピュータで作られていることが条件である。オンデマンドの意味は「注文に応じて」というような意味なので、部数が少ないものにも対応している。コストはオフセットよりも一枚単価が高くなる。

それほど印刷の仕上がりが重要でなく、単色（2色刷りまで可能）で済むものについては、軽印刷というのがある。これはコスト的にも安いし、仕上がりが早い。

この他にコピー機を使って複写をしてチラシを作る方法もあるが、手間がかかる。

◆印刷指示書

会社名			担当者（　　　　）		連絡先	TEL （　）
						FAX （　）
品名			発注日　月　日　時頃		納品予定日　月　日　時頃	

印刷仕様			加工・製本仕様		
仕上寸法	□B5 □A4 □（　）□その他（　×　）mm		断裁	□仕上げ　□なし	
色数	表面　C　□プロセスカラー　□特色（　　）		穴アケ		
	裏面　C　□プロセスカラー　□特色（　　）		折り		
枚数	枚		ミシン		
用紙	□紙支給　□紙手配		スジ		
紙質	紙種		丁合		
	紙厚		綴じ	□中とじ　□無線とじ　□（　　）	
	紙目　T　Y　指示なし		表面	□ラミネート　□PP　□（　　）	
印刷原稿	□フィルム搬入　□PS版搬入		その他		
	□版下搬入　□データ搬入（□完全データ／□写真分解必要）				
写真点数	□カラー　点　□モノクロ　点		納品	□引き取り　□宅配便	
色校正	□色校正　□コンセ　□青焼き　□必要なし		納品場所		

印刷指示書は印刷屋によってフォーマットが異なるが、必要事項はほとんど変わらない。指示書を交わすことによって行き違いを防ぐことができる。

4／印刷と配布

3.印刷原稿・データの入稿

●デジタルの原稿

このチラシはデジタルで作られている。デジタルで作ったものを印刷原稿にすると、画面で見たイメージに近い仕上がりを見ることができる。注意しなければならないのは、発色が霞んだように見えることがあるということである。それを避けるためには、コントラストを付けた配色を心がける。必要以上に黒を混ぜないことも大切だ。

◆版下の形状

①センタートンボ
②デザイン有効スペース
①センタートンボ
③製版線
④仕上がり線

①センタートンボ／その画面のセンターを示す印。印刷の際はCMYKの4版をこのトンボで合わせる。
②デザイン有効スペース／この中にデザインエレメントを収めないと断ち落としで外れてしまう。
③製版線／製版を行う時のガイドライン。実際にはこの内側の仕上がり線で断裁される。
④仕上がり線／この線を目当てにして断裁が行われる。

版下は印刷する場合の、統一された約束事である。
トンボというのは、その形がトンボに似ていたため呼ばれるようになった。

◇課題18（最終課題）◇
企画書の制作

［条件］
①創立20周年記念のセール用チラシのための企画書を作る（P30を参照）
②家具、インテリアをメインにしたショップが出すチラシ
③架空のショップでよいが実際にあるものを参考にする。
④チラシはA3サイズ2つ折り裏表の両方を制作ということで企画する
⑤20周年を意識した内容、セールの目玉、特別サービスを具体的に考える
⑥使用する用紙はA4上質紙、枚数は5枚以内(P6のフォーマットを確認)
⑦鉛筆仕上げのラフスケッチを添えること
⑧使用画材はパソコンをメインにし、製図ペン、色鉛筆、定規、コンパス、テンプレートなど何でも使用してよい
⑨制作時間は2週間

［制作上の注意］
①地域、ターゲット、店の歴史などを決めておく
②企画書は表紙を付け、左綴じにする
③それぞれの項目を立て、クライアントに見せるつもりで制作する
④本書を何度も読み返し、内容のあるものを制作して欲しい

4／印刷と配布

4 校正

印刷屋に入稿すると、本印刷の前に校正が行われる。間違いがないかチェックを行うものである。チラシ印刷は印刷部数も万を超えるものが多いので、チェックは入念に行われる。かつては、製版の段階で試し刷りが出されそれを校正したが、現在ではデータを出力してクライアントに校正を依頼することができるので、印刷屋からの校正刷りは最終チェックということが多い。

また、コンピュータのプリンターで使用するインクと紙は印刷で使われるものとは違うので、それを確認する意味で、印刷屋から本紙校正というのが出される場合もある。校正には費用がかかるので、必要以上に修正を行わないのが一般的である。校正紙はかつてゲラ（ゲラ刷りされたもの）と呼ばれていた。

校正の目的はあくまでも、紙と色の出のチェックが中心で、この段階での大幅な修正は全てにおいて負担になる。入稿前に完全を期すことが必須条件と言えるのである。

◆校正のサンプル

□校正□
proofreading

コンピュータによる作業になってから、校正の意味が少し変わってきている。印刷屋に入れる前に、すべての結果がモニター上で見えているからである。見えていないのは、指定した紙に印刷された状態である。本来、校正は種々のミスを発見する機会である。
色の出方が思っていたのと違っている場合、できるだけ具体的な指示を出す。校正用紙に赤字でしっかり指示を記入する。色なら何色を薄くとか、色のカブリを取るとか、全体的に明るくといった指示になる。
もし入稿したデータが間違っていた場合は、速やかに修正を行わなければならない。この場合の修正は、デザイナー側でやることが多い。
よく間違えるのが、住所、電話番号、価格、社名、日付これらは入念にチェックすることが望ましい。上記のものを間違えた場合、大きな問題になる。
目指したイメージに再現されているかどうかは、もっとも重要なチェックポイントである。まさにそれが、校正の目的だからである。

上下2点は、印刷の工程の途中で行われる色校がされたものである。赤い手描きの文字が、修正もしくは注意を促す指示となっている。
提供＝ノルドール(株)

4／印刷と配布

配布 5

●地域での展開に
TOSCAは埼玉県の新座市にある駅ビルの中にある。客層は志木駅周辺のエリアにいる。折り込みによって、その存在が認識され、駅に寄った時に、ついでに買い物をしよう、という気持ちを引き起こさせる。このチラシは春らしい配色で、縦縞の地が服を浮き上がらせている。
提供＝東武志木 st.トスカ

1 折り込み

　印刷が終了すると、ターゲットに配布するための手配が行われる。手配の形態には何通りかあるが、そのチラシの目的によって、もっとも効果が上がると思われる手段が取られる。時には複数の手段が平行して取られる場合もある。目標にしていたターゲットに確実にわたるよう、配布の方法については日頃からチェックが必要である。

　配布の中でもっとも多くのチラシがとっている方法は、新聞の折り込みである。地域もはっきりしているし、購読者の傾向もつかみやすい。なにより、配布部数が正確に分かるところがメリットである。

　またバーゲンとかイベントは、日付と曜日に関係することが多いので、指定した日に確実に配布できるという折り込みに対する信頼度は高い。他の媒体と比較してもターゲットに確実に配布できるというメリットは偉大である。さらに、広告料は他のものと比べ安価である。

　しかし、デメリットもある。その地域で購読されている新聞は1紙とは限らない。いやむしろ複数の新聞が購読されているのが当たり前である。そのため、複数の新聞に折り込みを依頼することになる。ところが、一軒で2紙を購読しているところもかなりあるのでチラシがダブって配布されてしまう。

　また、独り暮らしをする若者は新聞を購読していない場合が多く、若者をターゲットにした場合は折り込み以外の方法を考えなければならない。

　これはチラシのもっとも大きな悩みと言えるのだが、チラシをじっくり手にしてもらえる曜日が決まっているため、他のチラシと競合することになり、多くのチラシの中に埋もれてしまう可能性があるということだ。

　これらを総合的に判断して、最大の効果が出るように配布を決めなければならない。インターネットが発達しても、直接手渡される折り込みは、今後も活用されていくと思われる。

◆新聞折り込みの特徴

1 配布するエリアを限定できる
- メリット＝ターゲットが絞れる
- デメリット＝ターゲット外のところにも配布される

2 新聞により客層が違う
- メリット＝客層を選ぶことができる
- デメリット＝2紙以上に配布すると重複する家がある

3 サイズが自由
- メリット＝新聞の半分のサイズなら形は自由
- デメリット＝厚紙やフィルムは使えない

◆配布の手続き

1. 客層を確認して新聞紙を決める
2. 配布エリアを地図を見て決める
3. エリア内の販売所（専売所）を探す
4. 販売所に連絡をとり配布戸数を決める
5. 配布日の前日までに販売所に納品する

※料金は1枚あたり(2.8～4.0円程度)納品と同時に支払うところが多い。

4／印刷と配布

5.配布

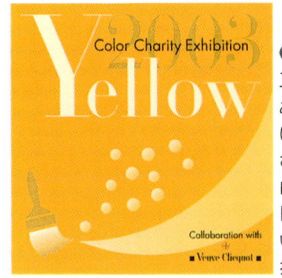

●うれしくなって手にする

正方形のイベント告知のためのチラシである。オレンジに覆われながら、黄を強烈に意識させる。この配色は、人を朗らかにさせる。店頭に置かれてあって、誰でも自由に取ることができるように配布された。目に付きやすく、朗らかであれば、そのかわいらしさから、持ち帰った人は多い。

提供＝Color Charity Exhibition

2 委託／店頭

チラシの良さは、ターゲットとする人達がよく集まる場所に置くことである。旅行関係のものとか、金融関係のものは、専用のスタンドがあり、欲しい人が持って行ける。

この他にも、レストランや小売店などのカウンターや陳列台にチラシが置かれており、やはり興味がある人が持って帰れるようになっている。コンサートホールやライブハウスには吊り下げて、ちぎってとれるようにしたものがある。店の中には商品のそばに置いておく、関連商品の宣伝のためのチラシもある。

これらのチラシの共通点は、興味のある人が持って行くということである。ターゲットに確実に手渡せる点で、かなり効率が良い。

自分の店頭に置く場合を除いて、これらはいくらかの費用を添えて、委託するという方式が取られている。アドカードのように、専門業者が委託する場合もある。

◆委託と店頭の設置形態

形態		特徴	効果
据置型 （スタンド式）		チラシの種類が多い時は専用スタンドを使う。スタンドの前にある程度のスペースがないと、下まで見えない。立っている人の目線より下にする。	一度に全体を見回すことができ、分類しておけば取りやすい。旅行代理店や不動産屋の前でよく見られる。面として広がっているので目立つ。
台置き		店の入り口付近や店内にある棚などに置く。そばを通った人やそこで待っている場合などに目に付きやすい。手前にほとんどスペースはいらない。	レジなどで待たされている時や通りがかった時に目を止めやすい。店内の案内や特売情報などを入店時に客に知らせる時にも適している。
吊り下げ		台置きするとバラバラになりやすい小型のフライヤーなどは、穴を開けヒモでとじてぶら下げる。台置きのスペースがない場合にも便利。	簡単にちぎることができるので取りやすい。狭い場所に多くの種類を吊ることができるので、取る人にとっても便利。
商品と		陳列してある商品のそばに置く。展示効果もあるので、装飾的な扱いをする。そのため美的にレベルの高いチラシが要求されることが多い。	商品のより詳しい情報、あるいは関連商品の情報などの出ているチラシが効果的。店員が説明する手間が省けるなどのメリットも大きい。

●手渡された

街頭でティッシュを手渡されたその中に入っていた。広げてみるとハガキサイズになった。テニススクールの生徒募集に限ったシンプルなメッセージが、意外に効果がある。配布エリアでテニスをする人は、興味を持つはずである。写真がボールの動きをイメージして軽快な印象を受ける。
提供＝ミズノ（株）スポーツ施設サービス部

3　手渡し／街頭

駅周辺や路上でチラシを配っている光景によく出会う。渡す人は誰でもかまわないのではなく、選んで渡す。そして受け取る人と無視していく人がいる。配る人は、ほとんどが配布会社のアルバイトである。あのアルバイトがなかなか厳しい。朝や夕方のもっとも人の流れが激しい時に行われることが多いからだ。急いでいるからなかなか受け取らない。

しかし、受け取る人は全体の何割かであるが、反応はいいという。反応がいいから一見無駄が多いような手渡しが続けられている。手渡しは受け取らない人が多いから、無駄のように見えるだけである。折り込みのように全くターゲットでない家にまで配られている方がよっぽど無駄だ。それから見れば、興味のない人は最初から受け取らない方が、効率はいい。手渡しは、店先でも行われている。客寄せのツールになっている。

◆直接配布の特徴

手段	メディア・形態	効果
街頭配布 主に路上や駅周辺で配布されるもの	チラシ単体のみ チラシと試供品 小冊子 封筒入り ティッシュ ファイル入り	●好奇心から中を開けてしまう人が多い。 ●一度に複数のチラシを受け取ることがないので、見てもらえるチャンスは大きい。 ●情報として認識することが多い。ただし、すぐに捨てられることも多い。
店頭配布 店の前で店員など関係者が道行く人、入店してくる人に手渡すもの	チラシ単体のみ 案内、情報パンフ 申し込み書 カタログ	●店の前ということもあり、集客と案内での効果は大きい。 ●配布時の客寄せの声との相乗効果はかなり高い。
会計時配布 支払いを受け、商品を客に渡す時に一緒にチラシを渡す	小型チラシ プレミアグッズ 申し込み書 カタログ 請求書	●客が買い求めた商品の関連商品のチラシであるため、参考にする人が多い。 ●店と客とのコミュニケーションとしても活用できる。

4／印刷と配布

5.配布

●ポストを開けたら
このチラシは2つ折りにされて、ポストに入っていた。躍動感のある写真が、おいしそうな効果とともに、目に飛び込んでくる仕掛けになっている。イタリアを意識した配色と、ピザの色味が食欲を誘う。ポストに入れられた親しみも感じられ、注文しようという気持ちが膨らむ。
提供＝ピザーラ

4 送付／戸別配布

　チラシはいかにターゲットに確実に届けるかが、最終的なテーマになっている。ターゲットに届かない限り、いくらいいデザインのチラシでも無価値に等しい。DMはターゲットのアドレスがあればすばらしい効果を上げる。その情報を欲しがっている人に届けるのであれば、これほど効率のいいチラシはない。

　しかし、そのアドレスがかなりずさんなものが多い。しかも郵送料はかなりの負担になる。いいデザインのものを作るのが、ポイントである。

　ポスティングは、郵便と同じポストの中に入れられるチラシである。配布会社から雇われたバイトの人が各家のポストに入れて回る。新聞に関係なくどの家にも配布できるメリットがある。反面、まとめて捨てられることも多い。大切なことは、心を込めていいチラシ、もらって得するチラシを作ることだ。

◆ポスティングと郵送の特徴

▎ポスティング▎
各戸のポストにチラシを投函することを、ポスティングと呼んでいる。

●メリット●
① 一戸ずつ確実に配布できる。
　 新聞折り込みは購読していない家には配布されない。
② ポスティングされる量は少ないので目立ちやすい。
③ 折り込みは、まったく手にされないことがあるが、ポスティングは目に止まりやすい。
④ DMより安価で実施できる。

●デメリット●
① 配布作業とポストという制約のため、大きなサイズは避けなければならない。
② しっかり作っていないと捨てられる。
③ 折り込みよりコストがかかる。
④ 同時にポスティングされる量が多ければ、効果が弱まる。
⑤ 全く無関係な家にも配布することになり、無駄が多い。

▎郵送（DM）▎
ターゲットに郵送で配布する。最近は宅配業者も扱っている。

●メリット●
① 確実にターゲットに届けられる。
② 興味のある人は、ほとんど開封する。
③ 保管しやすいので、情報資料として長時間保存してもらえる。
④ タイムリーに配布できる。

●デメリット●
① 郵送費が高く、費用がかさむ。
② 開封されずに捨てられる場合がある。
③ 送付できる量に制約がある。
④ 折り込みよりも手数がかかる。

□ポスティング□
each house distribution

戸別に配布することを、ポスティングと言っている。チラシを入れる場所がポストであるところから付けられたネーミング。
ポスティングは、専門の配布業者に依頼すれば、簡単に行うことができる。
A4サイズ一枚あたり3～5円程度のコストがかかる。ポスティングのメリットはターゲットのエリアに対して100%近く配布することができることだ。
しかもポストに入るため、折り込みのようにまとまって配達されるわけではない。そのため、見てもらえる確率が高くなる。
ポスティングのチラシのサイズはハガキの半分ほどからA4ぐらいまで。大きすぎれば、ポストに入らない。
もっとも多く利用しているのは不動産関係。後は娯楽、自治体からのお知らせ、外食、金融、塾など、小売店はほとんどない。ポスティングの活用は、チラシの可能性を広げる要素が多く含まれていると言える。

5／デザインサンプル

チラシにとって、生活の場こそ晴れ舞台だ。
チラシ社会には大きいものから小さいものまで、
やさしいものから、力強いものまで、まるで人間社会の
鏡のように輝いている。
それぞれの役割をになって働くチラシ達の姿。
用が終われば桜のように散っていくチラシを、
時にはじっと見つめてみよう。
作った人の心が感じられる、やさしいまなざしのチラシ。
そんなチラシをあなたも作ってみよう。
チラシの世界はあなたのチラシが来るのを待っている。

(1) 特別セール
(2) 記念セール
(3) 定期告知
(4) 新発売
(5) 情報
(6) イベント
(7) 特殊チラシ

5／デザインサンプル

1 特別セール

チラシがもっとも多く作られるイベントに特別セールがある。大売出し、バーゲン、セールとも同類である。特別セールの目的は、安売りであるが、薄利多売をこの期間展開する。それは、在庫整理もあるが、セール用に仕入れているものもかなりある。

セールの最大の目的は、在庫を整理するとか安物を売るということではない。顧客への感謝と引き続き、ショッピングに来てもらうためのものだ。

チラシはそうした気持ちが込められていなければ、セールだけの客を作ることになるのである。良いチラシには、真実と真心が込められている。こう書くといかにも古い時代の商いのように思えるかもしれない。しかし、ビジネスの本質は、信用を得ることなのである。真実と真心が実践できないと、質のいいチラシはできない。

①ビックカメラ
7,000円商品券プレゼント!

立体感のある表現が、見る人に迫ってくる効果を持っている。赤を中心としたゴージャスなイメージが、得をする感覚を引き出している。特別セールという雰囲気に具体的な金額が加わって、現実的なものにしている。チラシを持参するとさらに特典がある、反応チェック型のチラシである。
提供＝(株)ビックカメラ

②イッキコミックス
創刊!

イッキコミックスの創刊を知らせる小型のチラシである。色が落ち着いていて、とてもきれいな仕上がりになっている。さすがにコミックの世界だけあって、表現がいい。「最先鋭はここにある。」は効いているコピーである。
提供＝©松本大洋／小学館

③NIJYU-MARU
GRAND OPEN!!

これまで「甘太郎J」という名称だったのが「遊食三昧NIJYU-MARU」に変わったことを告知するためのチラシである。そのネーミングを印象付けるために、トレードマークの二重丸を前面に出してのデザインとなっている。食をイメージする配色とユーモアが光っている。
提供＝(株)コロワイド

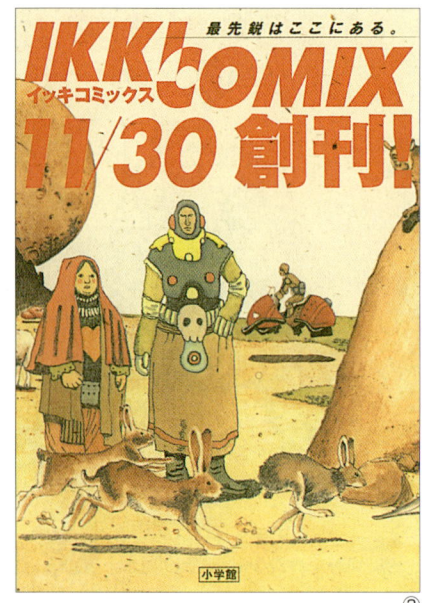

5／デザインサンプル

1.特別セール

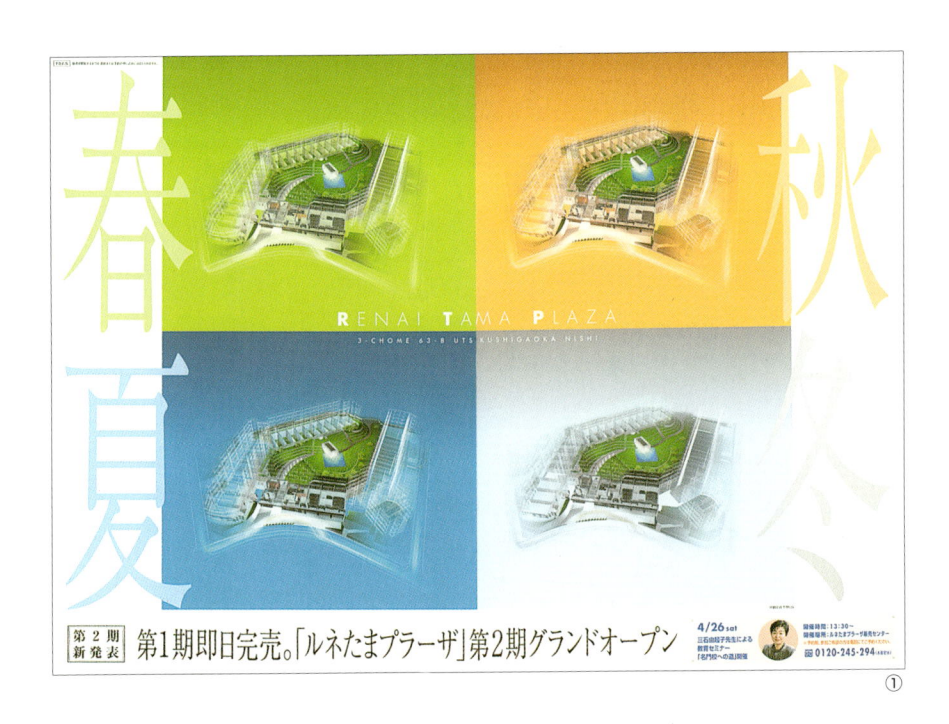

① RENAI TAMA PLAZA
第2期グランドオープン

春夏秋冬とは、発表されたマンションにある、中庭は四季の鑑賞に耐える美しい空間というテーマを表している。それぞれの季節を色とCGによって表現している。配色効果の高いチラシとなっている。このような見せ方をしているのが少ないだけに際立った表現になっている。
提供＝(株)創芸

② MINI 1st ANNIVERSARY
ペッパー・ホワイト 200台限定モデル デビュー

MINIが出した限定車「ペッパー・ホワイト」発売のためのチラシ。後ろ姿の白バイの警官が言う「ホシはシロ？」というコピーが印象的である。暗闇の中に浮かぶ美しい白を見る人に記憶させようとしている。
提供＝BMW Japan Corp.

105

5／デザインサンプル

1.特別セール

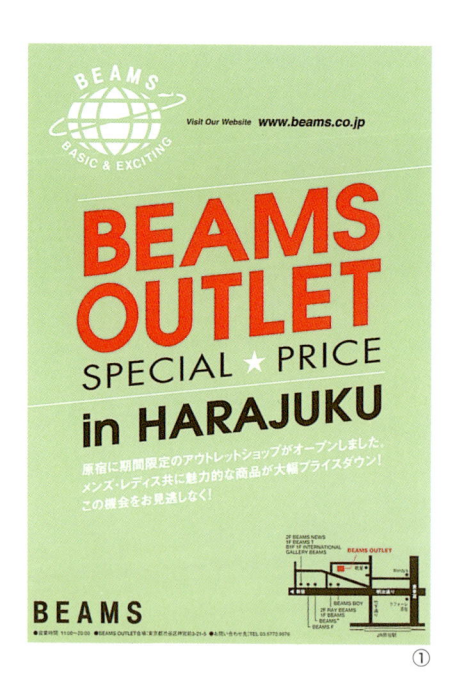

①BEAMS OUTLET
オープン

BEAMSが期間限定のアウトレットショップを原宿にオープンさせた時の告知チラシである。地の薄い緑に対して、補色の赤の字が浮き上がってくる。このロゴのイメージは印象的である。少し角度の付いた構図によりスピード感が出ている。
提供＝㈱ビームス クリエイティブ

②小3 オープンテスト
6/8 無料

日能研の「準備の準備。」シリーズの1つ。真っ赤な背景に忍者が浮かぶデザインは、人目を奪う。「忍者って何？」という正解の出ない質問を投げかけているところが面白い。日能研の持つ自信が感じられる。
提供＝日能研

③SKY PerfecTV!
スカパー！とセットでキャンペーン

「お得」の得の字を大きくして目立たせている。キャッシュバックのキャンペーン用チラシだが、得にするための条件が明快に分かる。使用する色を3色配色とし、「スポーティ」のイメージカラーで行動的に見せている。
提供＝㈱スカイパーフェクト・コミュニケーションズ

④TSUKUBA CLEANING
冬物衣料まとめてクリーニング

クリーニング店としては珍しいしっかりしたデザインのチラシである。種々のサービスをていねいに知らせようとする姿勢に好感が持てる。使用している色の幅が広いが、散漫な感じを与えないのは、白の使い方がいいからだ。。
提供＝つくばクリーニング成城店

5／デザインサンプル

1.特別セール

①

②

①Radish Boya
無料お試し野菜プレゼント！

生産者を明らかにして、いかにしっかり管理されて野菜が作られているかを伝えようとしている点に好感が持てる。ビジュアルに泥付きの野菜、生きがいい野菜、色の濃い野菜をモチーフにしてデザインしている。
提供＝らでぃっしゅぼーや(株)

②東京マイコープ
今だけ特典！

イラストのおおらかさとシンプルなデザインが目立つ。それだけストレートな迫力がある。「無料!?」に引かれて読んでみるという仕掛けになっている。このイラストは東京マイコープのキャラクターとして、使用されている。
提供＝(株)ライチャス

5／デザインサンプル

2 記念セール

　セールのきっかけは、実際のところ何でもいい。消費者が得をし、店が利益を上げればそれでいいのである。しかし、何でもないのにセールをして、いつも安売りしていれば客の方が得した気分でなくなってくる。だから、セール時期を設定して定期的に行うことが多い。
　ところが定期的なものだけでは、どうしても商品がだぶついてくる、そういう時に企画されるのが、「○○周年記念売り出し」のたぐいのものである。中には創立3周年とか、あまり記念らしくないものまで、イベント化しているものがある。記念なのは、店側の問題であって顧客には関係がない。例えば3周年とか4周年というより、創立記念日のセールを顧客感謝デーにして行えば違和感はなくなる。大切なことは、入念な計画と感謝の気持ちを持ってイベントを組むことである。
　記念イベントが本当の意味で顧客やユーザーのためになるなら、チラシも記念の意味に力を入れてデザインすることが大切だ。

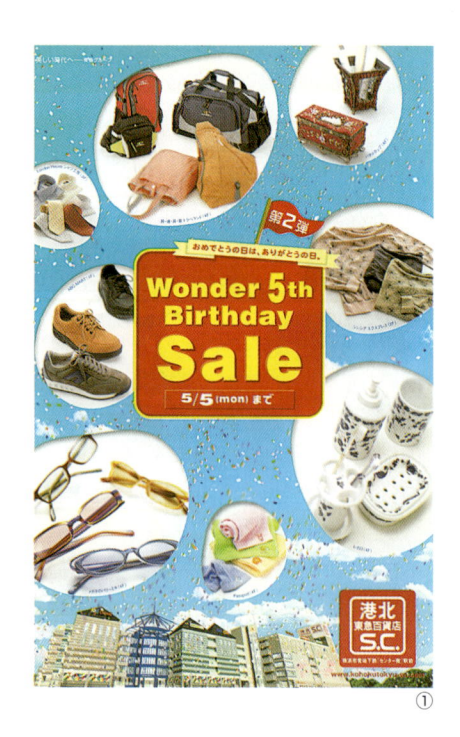

①

①港北 東急百貨店S.C.
Wonder 5th Birthday

港北東急百貨店S.C.のフォーマットの特徴は、中心にセールのタイトルが赤で入っていることである。リズム感のデザインがいかにも楽しい雰囲気をメッセージしている。「おめでとうの日は、ありがとうの日。」というキャッチコピーは心に残る。
提供＝(株)東急エージェンシー

②神奈川日産
日産70周年記念特別仕様車誕生フェア

日産70周年記念特別仕様車のためのフェアを告知している。車の後半を隠すというアイディアは、左に向かうスピード感の表現を得たかったのだろう。そのスピード感が、見る人の印象を爽快なものにしてくれている。
提供＝神奈川日産自動車(株)

②

5/デザインサンプル

2.記念セール

①COMME ÇA ISM
10周年記念

このチラシはできあがった形を見せるのではなく、その原料がいかに大切に人の手で扱われているかをメッセージしている。10周年記念のキャンペーンではあるが、企業精神を前面に出している優れたデザインになっている。
提供＝(株)ファイブフォックス

②浴室リフォームキャンペーン
30周年記念感謝セール

30周年を記念する感謝セールのチラシである。リフォームを単に呼びかけるのではなく、写真を大きく見せ、確かなイメージを伝えようとしている。サービスの仕方もこのポスティングされたチラシに特典を付加するなど工夫が目に付く。
提供＝鴨下工業(株)

③サミット
創業40周年記念セール

サミット創業40周年の記念セール用チラシである。30、40、50の数字をうまく利用し、数字をメインのデザインにしている。さらに品揃えの工夫がモチベーションとなるよう計画されている。
提供＝サミット

109

3 定期告知

決まった季節、決まった時期に毎年恒例となっているものを知らせるチラシがある。例えば5月5日は子供の日というのは、誰でも知っている。あるいは9月1日は防災の日であることは小学生でも知っている。この恒例になっていることを知らせるチラシには、工夫が必要だ。

決まっていることは、デザインを変えずに知らせることで、「おお、またその時期が来たか」と見る人は思い、企業のイメージが定着すると言われてきた。確かにその戦略もある。しかし、定期告知だからこそ、新鮮さを出さなければ、マンネリに陥ってしまうのである。昨年と今年は明らかに違う。年中行事は毎年同じように繰り返すが、チラシは、というよりそのイベントは同じものを繰り返すだけでは、いつか人は離れていく。

忘れてはならないのは、その時その時は、かつて経験したことのない、いつも初めての時なのであるということだ。

①クラモチ
新春お年玉セール!

毎年定期的にお正月はやって来る。新春にはどこでも発売りやお年玉セールをやる。その中でどう新味を出していくか。工夫のしどころである。お正月に必要なものをまず品揃えして見せている。誠実さがうかがえるチラシである。
提供＝ドラッグストア クラモチ

②丸正食品
おせちセール

A1判の大型チラシで、おせちの全てをダイナミックに見せている。その年最後のセールは新年のためのものである。新しい年をダイナミックな気持ちで迎えようと暗に呼びかけている。食材の持つ美しさがよく表現されている。
提供＝丸正チェーン商事(株)

5／デザインサンプル

3.定期告知

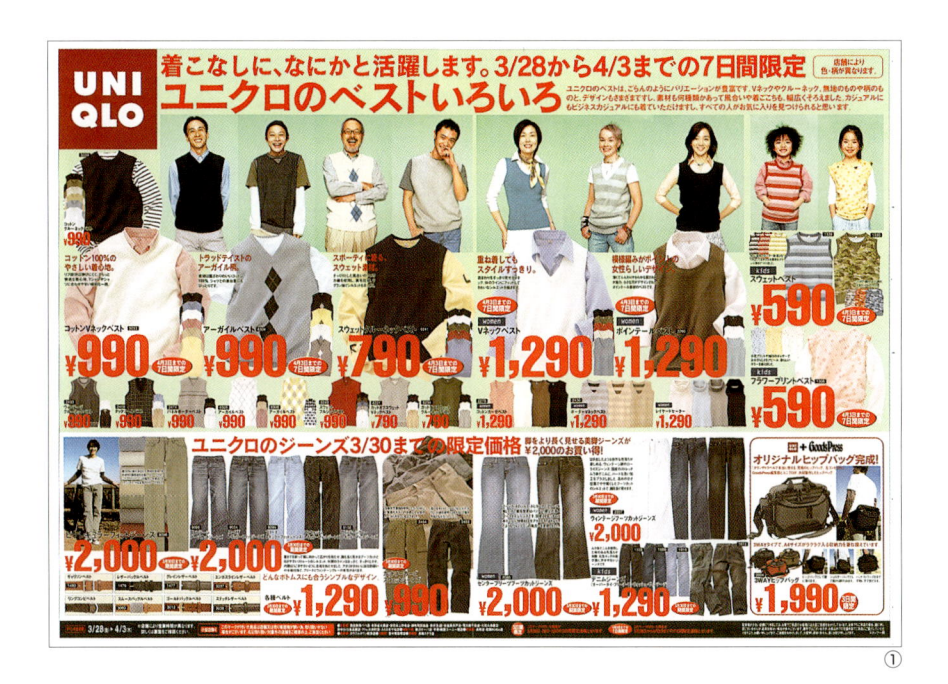

①ユニクロ
ユニクロのベストいろいろ

ユニクロは、定期的に限定セールを行っている。これだけ多くの定期告知を出しながら、常に新商品を入れてくる企業努力は高く評価できる。このチラシではベストがセールスポイントになっている。商品がすっきりレイアウトされており、見やすいデザインになっている。
提供＝ファーストリテイリング

②リズミィ
夏を先取り！

マツモトキヨシでは新聞の形式を利用して、定期的にチラシを発行している。リズミカルで楽しい日々を、という願いを込めた「リズミィ」というネーミングのチラシがそれである。5月に「夏を先取り」という姿勢と「クールな夏しましょう」という提案がここでは秀逸である。
提供＝マツモトキヨシ

③元気寿司 期間限定メニュー
第2弾 夏フェア

盛夏に出されるこのチラシには涼しさをどう盛り込むかというテーマが見えている。商品への取り組みと、それを涼しくおいしく見えるための工夫が随所に見えている。ボリュームではなく質を前面に出しているところが戦略を感じさせる。
提供＝元気寿司(株)

5／デザインサンプル

3.定期告知

①柿家鮨
新メニュー 冬版

金を使った豪華なデザインが目に付く。このチラシはポスティングされたもの。しっかりした用紙を使用し、保存版というイメージで作られていることが分かる。食材が持つシズル感を基本に制作されている。
提供＝(株)フォーシーズ

②萬作
新メニュー 秋冬版

ポスティングされたチラシである。宅配専門として、保存用に各家庭に配布したものである。料理を表紙に出さずに、ご飯を出しているところが納得させられる力となっている。秋冬のイメージを表現している。
提供＝トオカツフーズ(株)
サペレ萬作事業部

③SATY
クリスマス・バーゲン

真ん中に大きく家族を出しているところが画期的である。ターゲットは主婦であることがはっきりしていて好感が持てる。クリスマス商品をじっくり選んでください、というメッセージが裏面に、ホームパーティのテーマでデザインされている。
提供＝(株)マイカル

5／デザインサンプル

3.定期告知

①ドリームバスケット
スプリングフェア

色付き用紙に1色刷り。裏表とも手描きである。手描きのものには温もりのようなものが伝わってきて、ふっと手にしてしまう。スプリングフェアというネーミングも、手作りのプレゼントチケットも細かい配慮が感じられる。
提供＝ドリームバスケット

②サンウェーブ
所沢ショールーム

色付き用紙に1色刷り。しかも手描きのチラシは店の雰囲気を直に感じさせる。手描きものの強みは、人間的な親しみやすさが出てくることである。ベージュの紙に緑のインクも、リホームらしいイメージをきちんと計算していることを感じさせる。
提供＝(有)リホームサービス

4 新発売

新製品の発売や店のオープニングには、その成功を祈って実に力のこもった計画が立てられ、その雰囲気がチラシにも反映される。しかし、どこか空々しさが見えてしまうことも多い。CMやポスターで大々的に宣伝されている時のチラシを見て欲しい。CMの流用的デザインが目に付くと思う。

これは、「たかがチラシ」と思う姿勢があるからだ。チラシには時と場合によっては、CM以上に効果を発揮する能力がある。チラシの機能性を知り尽くし、評価し、きちんと販売戦略に組み込むことが必要であるのに、それができていない。これまでチラシを活用できない企業は無駄が多く、業績を悪化させた例が多い。つまり、CMやポスターとは違う、チラシに対する独自の考え方を持っているところは販売促進の戦略がしっかりしている。

チラシはチラシなのであって、とりあえず作るものではない。特に、新発売のようなものには、新鮮な戦略が必要だ。

①FUJIFILM GX645AF
新発売

新発売のチラシには、熱を帯びた雰囲気が漂う。このチラシにも「衝撃の」と「可能性が始まる」というコピーにそれが感じられる。NEWという文字が控えめに入っているが、それが精密機器のメーカーの誠実さとも言うべきだろう。
提供＝富士写真光機(株)
　　　富士写真フィルム(株)

②AROMA THERM
商品告知

製品の持つ愛すべきデザインを正面に据え、赤色を動きが出るように配置している。心憎い演出である。3方を囲む文字の枠が外国製品(ドイツ)であることを見せている。2つの特徴を表すコピーを湯気に似せて入れているのが微笑ましい。
提供＝メリタジャパン(株)

③YAMAHA NS-150
新発売

「貴重な」のイメージカラーによる配色で、ノーブルなイメージも表現している。この製品が持つ気品が伝わってくる。製品の特徴はワイドレンジな音、そして省スペースにある。音楽ファンには伝わるメッセージだ。
提供＝ヤマハ(株)

5／デザインサンプル

4.新発売

①レユール リキエル／クルール オングル
特別限定発売

この小型のチラシにはモダンな夢が隠されている。「自在に遊べる、計算づくのグラデーション。」「遊び心をくすぐる」これらのコピーには、色のセッティングは計算されているから、あなたは自由にしても、その美しさは相手に届きます、というメッセージである。決まっている。

提供＝㈱コスメティック クリエーション パリ

②抹茶サンデー
新発売

アイスクリームの著名な外国メーカーが抹茶のアイスを出す。これだけでも十分興味が引かれる。その商品写真を見れば、食べたいと思うのは約束に近い。このチラシのデザインは、配色やロゴの扱いが、商品イメージを高めている。

提供＝ハーゲンダッツジャパン㈱

③BOBBI BROWN SUMMER 2003
新発売／夏季限定発売

大胆に肌の色を前面に出している。モデルの目と唇が目に入り、肌が自然な雰囲気であることを知るようにできている。カラーサンプル表示の仕方、左のオレンジ色のロゴをアクセントにしている。る。デザインのレベルは高い。

提供＝ボヴィブラウン プロフェッショナル コスメティックス㈱

④カラー サージ リップスティック
新発売

この缶の形をしたチラシは、モダンでかっこいい。「ひと塗りで、あでやかリップ。」商品特性を一口で言い表している。この内側には「何か素敵なことが起こりそう。」と書かれている。ターゲットをしっかり見据えている。

提供＝クリニークラボラトリーズ㈱

5／デザインサンプル

5 情報

チラシは情報伝達のためのメディアである。その情報に価値がなければ、受け取った人はそのチラシを破棄することになる。その人に価値ある情報とは、現時点ではまだ未知のことで、自分に深く関わっているか、興味があるものである。

情報の種類としては、業務情報（メンテナンス、休業、移転など）、製品情報（製品の持つ特徴や内容など）、番組情報（テレビやラジオの番組など）、イベント情報、公共情報（住民に対して公共機関が出すもの）などお知らせ的なものである。

このデザインの特徴は、あくまでも情報として、見る人の立場にたって内容を組み、構成するということである。情報は発信する側の立場で出されているものが多く、受け手への配慮がないものが目立つ。専門用語を使い過ぎる、発信側の常識を当然のように掲載する、解釈が何通りもできる、といったものを注意することが基本である。

①JR東日本
工事のお知らせ

情報関連のチラシはまず、情報の内容をいかに分かりやすく見せるかということである。2色刷りをいかに生かすか、もっとも優先される情報は何か、それらを見る人の立場で整理し、デザインする。このチラシは代表例である。
提供＝JR東日本／（株）博計

②プロへの道100人の軌跡
商品告知

情報にもいろいろ内容がある。このチラシは明らかに商品情報を扱っている。具体的な内容は裏面にまとめ、表面ではこの本ができた経緯が表現されている。明るい配色、立体イラストの表現が面白い。
提供＝（株）ターレンスジャパン

③SHIBUYA-AX
EVENT REVIEW

ライブスケジュールである。日にちを追って分かりやすくデザインされている。掲載している写真は小さいが雰囲気は伝わる。できるだけ読める文字の大きさを維持しながらまとめている苦労の後がうかがえる。
提供＝SHIBUYA-AX

①熟成やずやの香醋
商品告知

イメージだけでまとめず、できる限り具体的な事例で商品情報をまとめていく。モデルは中国の若き工員。彼女に香醋の特徴を語らせている。裏面も徹底して解説を行うというやり方に信頼できる企業姿勢を感じるのである。
提供＝㈱やずや

②KITCHEN CENTER
商品告知

小型のチラシであるが、配色が広がりを感じさせる。玩具といっても本物のミニチュア、精巧である。明るく楽しいイメージと、本物らしさを出すために、パターン的食器とキッチンセットを対比させている。
提供＝㈱ボーネルンド

③ハーモニータウン仙川
仙川商店街案内

商店街が作った「てくてくMAP」である。商店街の活性化に取り組む心意気が感じられ、心を打つ。ホームページのデザインに似せているが、実際のホームページへと誘う役割を持っている。貴重な地域の情報デザインと言うことができる。
提供＝仙川商店街事務所
工房さすけ／デザインルーム ナークツイン

5／デザインサンプル

6 イベント

イベントは、情報の中でも受け手が興味を持って受け取ってもらえるものの一つである。展示会、パフォーマンス、コンサート、展覧会、物産展、体育祭などその種類は多い。

イベント用チラシは、イベントの内容とその雰囲気をいかに表現するかが、重点テーマになる。特にイベントの魅力をいかに表現するかが工夫のしどころである。イベントの特徴と、目玉（ウリ）となるものの見どころをしっかり表現することが大切である。そのチラシがただきれいではなく、その表現に価値があれば、イベントに参加する確率は高くなる。飾っておきたいものではなく、行きたくなるもの、見なければ損するという気持ちを起こさせるものである。

イベント自身に魅力がなければ人は行動を起こさないが、その魅力を十分伝えられないチラシもまた反応が弱まる。チラシの効果を高めるには、内容、デザイン、そして効果的な配布手段の3つがかみ合うことが基本である。

①JOMO ALLSTAR SOCCER
サポーター投票受付中!!

JOMOが支援したオールスターサッカーのPRチラシである。アイディアの面白さと配色の良さが目に付く。特に白抜きの文字が透明感を感じさせ、このチラシのさわやかさを生み出している。コーポレートカラーも生きている。
提供＝(社)日本プロサッカーリーグ（Jリーグ）

②浜口陽三 南桂子展
展覧会告知

二人展の告知チラシである。2人の名前の入れ方が、きれいだ。名前が作品を挟んでいる雰囲気が画家夫婦の親密さを感じさせる。詩をどのように表現していくかがポイントだったと思われる。配色も淡い中に味があり、まじめな性質がうかがえる。
提供＝練馬区立美術館

③JAPAN BLUES CARNIVAL '02
イベント告知

2つ折りのこのチラシは、ブルースのカーニバルのためのものである。暖色系の配色が熱さを感じさせる。出演者の似顔絵が温かさを伝えてくる。中央部分の水色がアクセントカラーになっている。
提供＝M&Iカンパニー

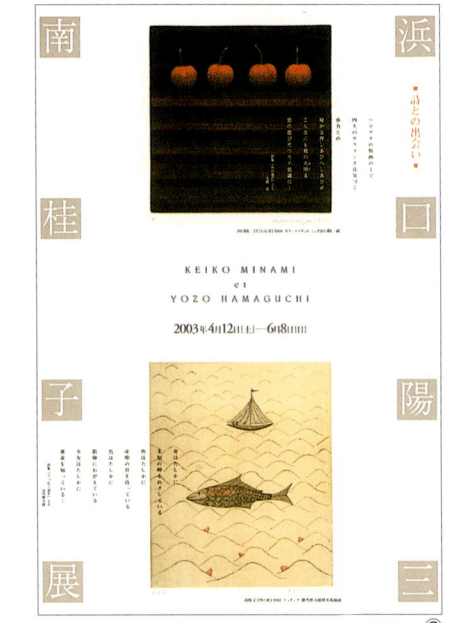

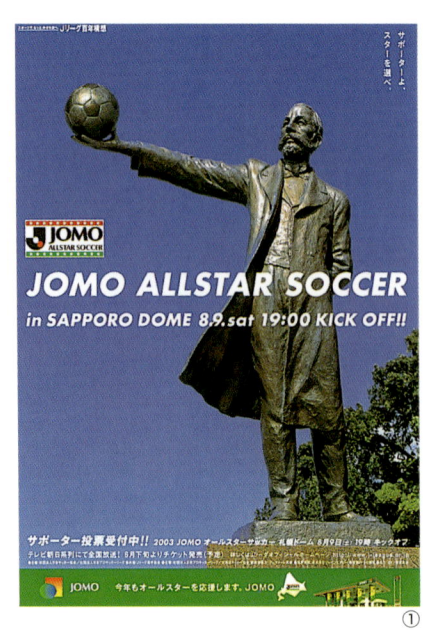

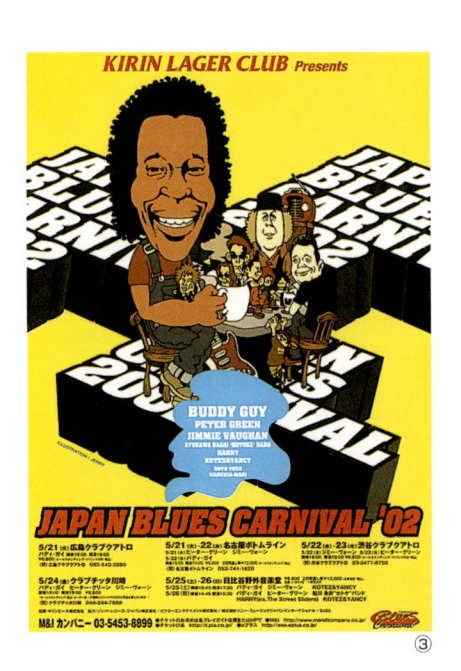

5／デザインサンプル

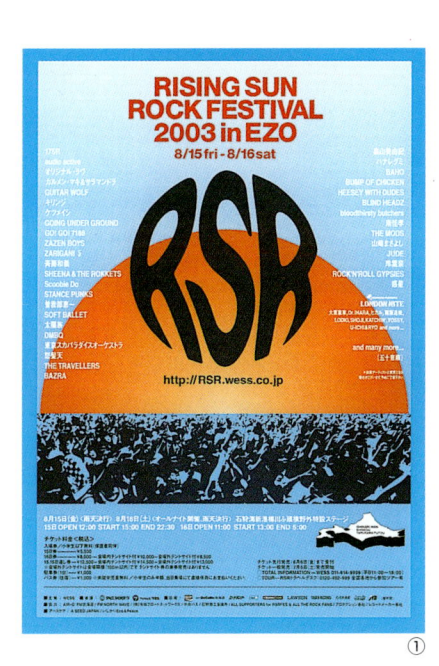

6.イベント

①RISING SUN ROCK FESTIVAL 2003
イベント告知

ロックフェスティバルのチラシである。青系に対して、その補色であるオレンジの配色で、ハレーションを感じさせる。そのため生き生きした効果が出ている。太陽が昇るイメージが、ダイナミックに伝わってくる。
提供＝(株)ウエス／Z&Z

②東京ワークハンド2003
イベント告知

ヒト・モノ・コトをテーマに作り手が手をつなぐイベントである。「作り手と話す面白さ」で白抜き（多分もう一人の自分）の人と会話する様子が面白い。手作りのイメージはどうしても緑になるが、さわやかなイメージになっている。
提供＝リビングデザインセンター OZONE

③THE DATSUNS
ツアー告知

イベントにはそれぞれ個性的な世界がある。イメージに直接関係するのは配色だ。このチラシは黒と赤で色数を抑えた表現になっている。メンバーの立ちポーズに独特の雰囲気が漂っている。きれいな作品である。
提供＝クリエイティブマンプロダクション MINDWARP

④港北東急百貨店
沖縄島々の物産展

縦長の2つ折りのチラシになっている。沖縄の物産展だが、間に「島々の」と入れているところがアイディアだ。いろいろな島からの物産が展示されるという、楽しさが伝わってくる。このイベントは開店5周年の一環として行われた。
提供＝(株)東急エージェンシー

119

5／デザインサンプル

7 特殊チラシ

ここでいう特殊とはチラシの形態のことを言っており、内容が特殊なわけではない。チラシはほぼ四角と決まっている。そのチラシの形を別の形にして制作するということは、かなりの冒険である。まず、メリットから考えれば、その形のユニークさから人の目を引く。さらに、楽しいものであれば手元に置いてくれる。デメリットは料金が高いということと、扱いづらいことである。

しかし、こうしたものがもたらしてくれる心のゆとりは貴重である。予算が許されれば提案したいデザインである。四角が溢れている時代に、ほっとするような心理的な作用を与えてくれる。

形を任意に決めるということは、まずその形に切り抜く（型抜き）ための型が必要で、それにはコストがかかる。また、紙質がその形を維持できなければ、みすぼらしいものになってしまう。これにもコストはかかるが、戦略的に必要ならやってみる価値は十分ある。

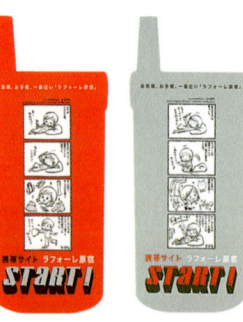

①ガチャ博
イベント告知

特殊というのは形のことである。ガチャ博はラフォーレミュージアムが企画したガチャガチャの博覧会である。これは、ラリー参加カードともなるチラシである。中央から上に開けられるようになっている。
提供＝(株)ラップネット
　　　ヨツギ・ヤスノリ inc.

②SPORTS MITSUHASHI
NEW OPEN

このチラシは、コートを切り抜くとカードケースができる。遊び心のあるチラシと言える。スポーツアイテムのショップらしい感覚である。実際にはこのチラシに、小さいチラシがホチキスで止められて、配布されている。
提供＝(株)スポーツ館ミツハシ

③ラフォーレ原宿
携帯サイトスタート

これもラフォーレ原宿が携帯サイトをスタートさせた時のもの。携帯の形に抜いてある。赤、黒、銀の3色あり、それぞれに違った4コマ漫画が印刷されている。常に自由な発想が人を喜ばせる。
提供＝(株)ラフォーレ原宿

④ZEST CANTINA
PARTY INFORMATION

原宿にあるレストランZESTのパーティインフォメーションのために制作した2つ折りのチラシ。左端で2つ折りになっている。牛の顔の右側が型抜きになっている。色も材質感がワイルドなイメージを伝えてくる。
提供＝(株)グローバル ダイニング

6／印刷配色サンプル

色が持つ偉大なメッセージ力を利用する。
それは感覚で決めることではなく、
イメージ言語の活用という作業なのである。
イメージを伝える決定的なデザインエレメント、
それが色である。
美しい配色には規則がある。
日常の美しい光景、自然の見事な配色、全てが参考になる。
配色は印刷の経費にも影響が出てくる。
デザインの作業は与えられた制約（予算）の中で、
最大の効果を上げる努力をすることなのである。

(1) 1色刷り
(2) 2色刷り
(3) 3色配色
(4) 4色配色

6／印刷配色サンプル

1 1色刷り

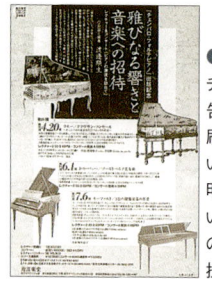

●1色刷りは奥が深い
チェンバロとフォルテピアノのイベントを告知するチラシである。1色刷りの片面印刷であるが、特色をセピアの濃い色にしているためクラシックな雰囲気がよく出ている。明朝体の書体がこの雰囲気にマッチしている。1色刷りと言っても水墨のような奥の深さがある。
提供＝近江楽堂

予算の都合で4色刷り（フルカラー）が不可能な場合、色数を減らすことを考える。その際には1色刷りか2色刷りが行われる。3色刷りもできるが、フルカラーにしても金額的にほとんど差がない。

1色刷りの場合、黒（スミ）を選ぶことが多い。黒でも紙質が良ければイメージ的にチープ（安物）な感じは避けられる。しかし、1色刷りでざら紙を使った場合には、その内容に関係なくチープな感じになり、読んでもらえる確率は低くなる。したがって、社内とかサークル内でのお知らせチラシなら使えても、折り込みなどには適さない。

また、1色刷りでも黒ではなく、特色（インク見本帳から選ぶ）を選ぶことによって、個性的なイメージを伝えることができる。特色の場合、インク代だけが30％ほど高くなるが、その効果は必ず出るので、無駄にはならない。蛍光色を使うと読みづらいので、避けた方がいい。蛍光色はアイキャッチ向きである。

◆1色刷りカラーサンプル

カラー	イメージの特徴	カラーサンプル
K100	黒はもっとも形をはっきり見せる色である。色としての性質は中性なので、色の効果より形と内容で作る。	
DIC199	ピュアな赤は人の目を引き付け、金赤よりも上品である。人の心を高揚させる効果がある。	
DIC233	この赤はクラシックなイメージの色である。赤系なので目立ちもよく信頼性がある。	
DIC183	コバルトブルーはクリアなイメージで清潔感がある。青年的で未来を感じさせる時に適している。	
DIC376	硬さがある緑である。落ち着きと平和なイメージがある。前向きな伸びようとするエネルギーを感じる。	

※この発色は4Cによるもので、DICの表示と多少の違いがあります。

6／印刷配色サンプル

2色刷り 2

●2色刷りは幅が広い

このチラシはC（シアン）とM（マゼンタ）の2色刷りになっている。不思議な澄んだ発色になっている。グラデーション効果を利用して、オーロラのような雰囲気もある。2色刷りは表現の幅が広がるのが楽しい。イベントへの興味をそそる効果が出ている。
提供＝西麻布イエロー
FAREAST UNDERGROUND

　2色刷りの場合、2色の掛け合わせによって表現の幅がかなり広がる。配色の仕方によっては、フルカラー並の効果が出せる。特に写真など濃淡のあるものは、フルカラーとは違った味が出せる。
　2色とも特色で行うこともあるが、金額的にフルカラーと大差なく、特殊な効果をねらう以外は基本色のCMYKを使うとよい。基本色の場合（Kを除いて）は、発色が蛍光色に近くなるので、できるだけ掛け合わせ部分を多くし、発色を落ち着かせるようにする。
　M（マゼンタ）とY（イエロー）の2色は暖色系の配色になるので、カーニバル的なイメージを必要とする時に適している。K（黒）との組み合わせは、どれもクラシックな感じが出るので、そういったイメージが必要な時に適している。
　2色刷りでもっとも注意することは、配色の上で、メリハリを付けることである。かけ合わせで最高に暗くなる色を有効に使うとよい。

◆2色刷りカラーサンプル

イメージ	配色と効果	カラーサンプル
スポーティ 活動的な ダイナミックな	 C100／M100 元々はサイケデリックなイメージの組み合わせであるが、混色することによって活動的なイメージが出てくる。	
にぎやかな カジュアル 美味しそうな	 M100／Y100 暖色系の配色となるため、エネルギーを感じさせるイメージとなる。食欲を刺激する配色なので、食品関係に適している。	
豪華な ゴージャスな ぜいたくな	 M100／K100 豪華なイメージを与える配色になる。黒が持つ落ち付いたイメージが、全体を締めた感じにするのが特徴。	
都会的な 男性的な フォーマル	 C100／K100 都会的なイメージと男性的なイメージを表現するのに適している。フォーマルな感じを出す時にも使える配色である。	

3　3色配色

●色数を絞ると形が見えてくる

色は沢山使えばいいというのではなく、使う色を絞っていくことも大切だ。色にまどわされず、しっかりと形や文字が見えてくる。このチラシはカード式になっている。白、グレイ、黒に対して、レンガ色がきれいだ。JAZZの雰囲気が感じられる。
提供＝Secobar／A&K Corporation

　配色の際に使用する色の数（フルカラーでも）を制限することによって、見慣れない表現ができる。見慣れない表現とは、日常の中ではほとんどあり得ない（周囲環境は無数の色によってできている）。そのため、非日常的な表現になって、人の目を引くことになる。
　3色を決める時に、カラーイメージチャートから色を選ぶと、自分がイメージしている表現が行える。大切なことは、全てに共通しているが、自分が明確なイメージを持っていることである。イメージ戦略を立てる上からもイメージチャートは役に立つ。
　注意しなければならないのは、同程度の明度の3色にしないことである。文字や写真を使う際にコントラストがないため大変見づらくなるからだ。
　また、補色同士の色を2色選んだ場合は、もう1色をニュートラル（黒とかグレイ）を選ぶようにすると、セパレーション効果でギラギラした感じがなくなる。

◆3色配色サンプル

イメージ	配色と効果			カラーサンプル
楽しい 愉快な カジュアル	C60Y100	C10M70Y10	M10Y100	
	心が弾むような効果をもたらす配色である。楽しそうなイメージが見る人をウキウキさせる。バーゲンやセールに向いている。			
フレッシュ 若々しい 新鮮な	C40Y90	C100Y90	C90M20Y10	
	新鮮なイメージを与える配色である。新入社員、入学、野菜、春などを表現するのに適している。			
シック 上品な おしゃれな	C70M60	C30M20	C20M30Y10K10	
	上品なイメージ、あるいはおしゃれなイメージを表現するのに適している。ピンク系を入れるとエレガントになる。			
ナチュラル 平和な 安らかな	C30M20	C10M30Y10K10	C40M10Y20K10	
	見ている人にほっとするような効果を与える配色である。ナチュラルなイメージなのでエコ的な効果もある。			

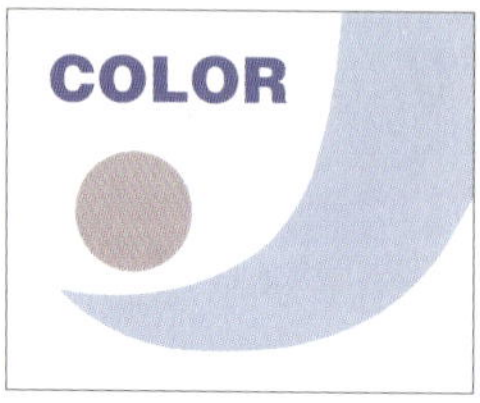

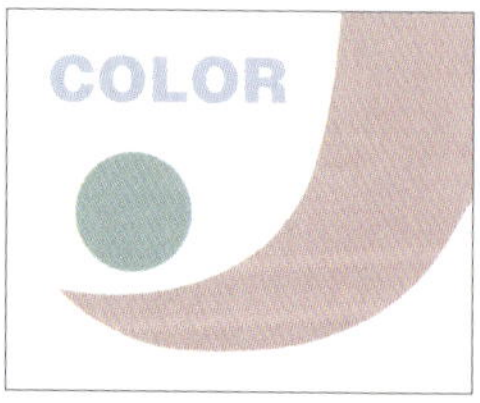

6／印刷配色サンプル

4色配色 4

●4色まであるともう無限に近い

このチラシは、どこかレトロで懐かしい雰囲気がある。紙質がインクを吸い込むもので、使用している色はセピア系が中心。実際には4色よりも多い。しかし、色味が絞られているので、統一感がある。ファミリーキャンペーンのためのチラシ。
提供＝(株)イメージア／(株)セイファート

　4色の場合も3色同様、まず自分が表現したいイメージを決めることである。ここでもカラーイメージチャートがあると便利である。4色配色といってもCMYKの4色ということではなく、そのフルカラーによるかけ合わせで作る4色である。

　全ての色のコントラストがはっきりしている場合は、まとまりに欠ける場合があるので注意する。逆に差がなくなると平坦な感じがして眠くなるような場合があるのでこれも注意して欲しい。

　4色配色で注意するところは、ピュアカラー(純色)に近い赤、黄、青の3色を使うとカーニバルのイメージが強くなるので、そうした雰囲気を持つものに使うようにする。

　色数を制限したデザインの場合、文字の視認性がどこまで保てるかがポイントになる。配色の面白さばかりを追求して、文字が読みづらくなるのは問題外である。まず文字が読めるかどうかを確かめながら作業して欲しい。

◆4色配色サンプル

イメージ	配色と効果				用途
なごやかな	M30Y50	C10Y30	C40M40Y70	C10M20Y30K10	スーパー 食品 健康食品
初々しい	Y30	M30Y10	C20Y20	C20M20	ファッション 化粧品 メガネ
メルヘンチックな	M50Y10	C30Y10	C70M60	C30Y60	ファッション 玩具 文具
希望	C80Y70	C70M60	C90Y40	C30M20	塾 不動産
エコロジー	C30	Y30	C10M30Y30K10	C40M10Y20K10	自然食品 ミニコミ 健康器具

4.4色配色

●暖色系だけで
使用している色は5色、ただし全て暖色系だ。温かさが感じられる。暖色系は膨張色でもあるのでB5判のサイズよりも大きく感じる。芝居のためのチラシであるが、唇で彼女、ネクタイで彼を表現している。どんな人生を見せてくれるのか見たくなる。
提供＝小島良平事務所

◆4色配色サンプル

イメージ	配色と効果				用途
子供っぽい	C10M30	C30M10	Y30	M70Y70	ファッション 遊園地 スポーツ施設
キュート	C30M50	M50Y10	C10Y30	C60M80	ファッション レジャー 美容
さっぱりした	C30	C60M20	White	C50Y20	通信 カー用品 レストラン
エステ調	C50Y10	C50M40	M20Y30	C60M80	エステ レストラン 旅行
エスニック	C10M100Y50K30	C20M30Y100K20	C70M40Y70K30	C90M80K30	レストラン ファッション ミニコミ
アーミー	C70M40Y70K30	C30M30Y40K30	C100M100Y50K10	C30M10Y30K10	ファッション 旅行 レジャー用品
伝統的な	C50M70Y70K10	C100M100Y50K10	C20M60Y100K20	C90M60Y70K20	家具 骨董 音楽系

あとがき

相変わらず折り込みチラシの量は多い。元気だなあと思う。バブル崩壊直後、チラシの入る量が極端に減ったことがある。そして今また、チラシの量は増えている。どんな時にもチラシの効果が高いことが分かってきたからだ。

本書を書くに当たって、まず考えたことがある。誰でもクォリティーの高いチラシを作ることを可能にするためにはどうしたらよいか、ということである。いいチラシを真似すればいい。しかし、チラシはそれぞれの事情があって作られている。いいチラシだからと言って、真似しても自分の所に合うかどうかは別問題である。

そこで、自分で考えて簡単に作れる方法を提案すればいいと思い付いた。これまでの技法書は、発想と企画の部分に触れてあるものが少なく、理由も説明せずにやり方だけを述べるというのが多かった。

チラシは戦略である。ということは、どう戦略を立案していくかが、もっとも問われるはずである。しかし、戦略ばかり先行しても表現がそれに伴っていなければ、やはり効果的なチラシにはならない。

本書は常用デザインの立場から、チラシデザインをまとめようと決めた。チラシの収集を始め、さらに期間を限定して何度か折り込みの配布状況を集計した。それらを分析してチラシの現状を把握し、本書を何度か組み立て直した。

その中で分かったことがある。かなり多くのチラシがいかに見る人を無視しているか、ということである。視点を見る人、つまり消費者に置くこと。これが全てであると分かった時、本書の最終目標が定まった。

とは言え、執筆が簡単なわけではなかった。収集したチラシをできるだけ多く、サンプルとして紹介したかったので、掲載許可をお願いしたのだが、何件かに付いて断られた。これから勉強しようとしている人に紹介しようとしているのに、いとも簡単に否を出していいのだろうか、とも思った。単なる2次使用ではないという気がするからだ。

逆に快く許可していただいたところが圧倒的に多いことは、心強く、幸せに感じたことである。

本書は常用デザインシリーズの第1巻目となる。したがって、本書が先鞭を付けなければならない部分が多々あった。それは何とか果たせたのではないかと思っている。

本書は多くの企業の皆様の協力があって実現できました。多くの企業がチラシに対して熱心に取り組まれている姿を知らされ、勇気づけられました。

貴重なコレクションを提供いただいた㈲蘭花堂様、田中聡氏には本書に厚みを与えていただきました。

また、チラシの掲載許可をもらうために200社にも及ぶ企業に連絡していただいた、グラフィック社の永井麻里さんを始めスタッフの皆さんには、煩雑な作業の手数をおかけしてしまいました。

常用デザインの重要性を理解していただいた、グラフィック社の奥田政喜氏の並々ならぬご支援は、私たちの情熱になりました。

本書に使用するイラストの制作を快く担当してくれたのは、私の教え子でもあるナビドニア・ノストラトさんです。

以上の皆様に、心より感謝しております。
厚くお礼申し上げます。

そして、本書を制作するに当たって、幾多の困難を共に乗り越え、充実したものにしてくれたディレクション担当の橋田利江子さん、デザイン担当の斉藤理奈子さんには、感謝を込めて、その名を本書に刻みます。

何日徹夜しただろう。
そして今も徹夜している。
本書が日本のチラシのレベルを少しでも上げることができれば、その苦労も報われます。

2003.6. 　　　　　　　　　　　　著者

●著者略歴
Haruyoshi Nagumo
南雲治嘉
1944年東京生まれ。金沢美術工芸大学産業美術学科卒業。グラフィックデザイナー。専門学校でデザイン教育に携わる一方で、デザイナーとして活躍。デザイン理論と表現技術の長年に渡る研究とカラーイメージチャートによる新しい色彩システムを実用化した。1990年に株式会社ハルメージを設立し、戦略立案、企画制作を主に幅広いデザイン活動を展開している。販売促進やデザイン、現代美術、表現技法、色彩、自己啓発に関する講演の依頼も多い。
著書：〈視覚表現〉〈改訂版色彩表現〉〈アクリルガッシュの全技法〉〈カラーイメージチャート※1〉〈配色イメージチャート〉〈イメージカラーサンプル〉〈カラーコーディネーター※2〉〈Webカラーコーディネート〉〈和風カラーチャート〉〈デジタル色彩表現〉〈パンフレットデザイン〉〈チラシレイアウト〉〈DMデザイン〉〈色彩デザイン〉〈絵本デザイン〉〈常用デザイン〉〈色彩戦略〉〈チラシ戦略〉以上グラフィック社、〈驚異のポスターカラーテクニック〉〈おもしろプリント便利帖〉〈CGデザイン・基礎編〉〈CGデザイン・キャラクター編〉以上MPC、〈コンピュータデザイン入門〉日本実業出版社、〈画材料理ブック〉〈画材料理ブック2〉〈プロへの道100人の軌跡〉以上ターレンスジャパン、〈日本の民具〉保育社、〈詩集・時間に乗った猫〉総和社、〈詩集・たった一人の読者〉教育出版センター、〈夢が叶う自分で作るお守り〉福昌堂、ビデオ〈アートレッスンビデオ〉16巻ターレンスジャパン、〈100の悩みに100のデザイン〉光文社。
現在：㈱ハルメージ代表
デジタルハリウッド大学 デジタルコミュニケーション学部教授
東京デザイナー学院講師
国際色彩教育研究会幹事
連絡先：㈱ハルメージ
〒150-0001 東京都渋谷区神宮前5-20-3
ラ・セレザ102
TEL：03(5766)3762
E-mail：design@haru-image.com

●表紙デザイン及び本文デザイン
Rieko Hashida
橋田利江子
●図版デザイン
Rinako Saito
斉藤理奈子

※1「カラーイメージチャート」は株式会社ハルメージが著作権を所有しています。
※2「カラーコーディネーター」は株式会社ハルメージの登録商標です。

●参考資料および掲載資料
・「2002年日本の広告」株式会社電通
・「チラシで読む日本経済」澤田求・鈴木隆祐著 光文社
・「カラーイメージチャート」南雲治嘉 グラフィック社
●制作協力
・大日本印刷株式会社
・日本ビクター株式会社

＊お願い
本書では収集された約1000点のチラシの中から、市場性とデザイン性のいずれかが優れたものを掲載するものです。特定の個人・団体・会社の権利の侵害を意図するものではありません。また、掲載させていただきましたチラシの大部分は掲載許可をいただいたものです。すべてのチラシの発行元に許可のお願いをいたしましたが、連絡をいただけなかった会社が数社あります。お手数ですが、お心当たりの会社がございましたら小社編集部までお知らせください。

Copyright Notice : Although every effort has been made to trace copyright owners, there may be a few instances where this has proved impossible, and we would like to take this opportunity to apologize to any copyright holders whose rights we may have unwittingly infringed.

★チラシに関するご相談・ご質問は
㈱ハルメージまでお寄せください。
左記の連絡先をご参照ください。

常用デザインシリーズ
チラシデザイン

2003年 7月25日 初版第1刷発行	2004年 8月25日 初版第4刷発行
2003年10月15日 初版第2刷発行	2005年 4月25日 初版第5刷発行
2004年 2月25日 初版第3刷発行	2007年 4月25日 初版第6刷発行

著 者　南雲治嘉(なぐもはるよし)ⓒ
発行者　菅谷誠一
印刷・製本　大日本印刷株式会社
発行所　株式会社グラフィック社
　　　　〒102-0073 東京都千代田区九段北1-14-17
　　　　TEL：03-3263-4318　FAX：03-3263-5297
　　　　http://www.graphicsha.co.jp/
　　　　振替00130-6-114345

落丁・乱丁本はお取り替え致します。
本書の収録内容の一切について無断転載、複写、引用等を禁じます。

Printed in Japan
ISBN978-4-7661-1417-1　C3070